この世に生まれて

人生はご縁です

JN035658

不死川浄

22世紀アート
22nd CENTURY ART

目次

はじめに

「2006.12.01　今日から明教寺のホームページを始めました。一人の僧侶として、苦悩している人々に何ができるか。ほとんど何も出来ないかもしれないが、仏さまの教えを伝えることによって、生きる支え、拠りどころをもってもらいたい。仏さまの教えが生きる力、希望になれたらと願っています。現代人に仏教が、真宗の教えが、果たして生きる力となるのか、またどのように伝えるべきかを有縁の皆様とともに考えていきたい。また寺の役割はどうあるべきかを考えるためにこのホームページを始めました。これからよろしくお願いします。」と書いてブログを始めました。もう約17年たちました。ブログは月5回のペースで休むことなく続け、多くの量となりました。一度まとめてみたいという願いがあり、今回『この世に生まれて』―人生はご縁です―という題名で「この世に生まれて」「人生はご縁です」「念仏に遇う」「いのちの帰る処」の四つの章に分けてまとめてみました。その時に書いたブログをそのまま載せたり、書き直したり、付け加えたりしています。一人でも多くの人に、今まで仏縁のなかった人に読んでもらいたいのでできる限り仏教用語は使わないようにしました。私たちは本当に不思議なご縁でこの世に生まれ、多くのご縁に生かされ、ご縁によって死んでいくのです。人それぞれのドラマがあり、出会いがあり、人生があります。若くして亡くなる人、天寿を全うする人さまざまですが、少しでもこの世に生まれて良かったと言える、生きるヒント、生きる意味を見つける糧になればと願っています。

第1章　この世に生まれて

「人身受け難し、いま已に受く。仏法聞き難し
いま已に聞く。この身今生に向かって
度せずんば、さらに　いずれの生に向かってか
この身を度せん」

『礼讃文』（三帰依文）

今生に度せずんば

『礼讃文』(三帰依文) に「人身受け難し、いま已に受く。仏法聞き難し、いま已に聞く。この身今生に向かって度せずんば、さらにいずれの生に向かってかこの身を度せん」とあります。

　私たちは本当に不思議なご縁で、この世に受け難い人間として生まれてきました。なぜ人間として生まれてきたのか、『礼讃文』では仏法に遇うためであると教えています。今生に仏法が聞ける人間として生まれてきた今仏法に遇わねば、また流転輪廻を繰り返すことになるからです。今生で救われなかったら、いったいいつこの身が救われるのでしょうか。今生で是非とも仏法に遇い、この身が救われて欲しいと教えているのです。

人身受け難し

　お釈迦さまが弟子の阿難と旅の途中、大地の砂を一握りすくい、阿難に「大地の砂と、この一握りの砂はどちらが多いか」と問われ、阿難が「大地の砂はたくさんありますけど、手の中の砂は一握りしかありません」と答えると、お釈迦さまは「この世の中に生きているものは大地の砂のようにたくさんいるけど、人間として生まれたのは手の中の砂ほどのわずかなものだ」と話されました。この世に無数の生命体は存在していますが、人間として生まれることは有ること難しなのです。ふつうは「あたりまえ」と思い、人間として生まれたことの「有難さ」など考えません。そして人間として生まれなければ、遇い難い仏法に遇うこともできないのです。あるお母さんが「私の最初の子は流産しましたが、それからしばらくして妊娠し無事生まれました。もし最初の子を流産しなかったら、このたび生まれた子は、永久に生まれなかったのですね。本当に不思議なご縁ですね」と話していました。この世に人間として、また私として生まれるということは本当に不思議なことです。「人身受け難し、いますでに受く」です。次にお釈迦さまは、一握りの砂の中から指で少しつままれ、「人間として生まれたのはこの一握りですが、その中で仏法に遇う人はこの指の少しの砂のように少ないです。出遇えたことを喜びましょう」と話されました。「仏法聞き難し、いますでに聞く」です。何故私たちは人間としてこの世に生まれてきたのでしょうか。生きるということはこの問いを追求することでもあるのです。二度とない人生、この世に人間として生まれ、私として生まれて良かったと心からいえる、どんなに小さくてもいい自分の花を咲かせて散っていきたいものです。「花には散ったあとの悲しみはない、ただ一途に咲いた悦びだけが残るのだ」「一度きりの人生だから、一年草のように、独自の花を咲かせよう」（坂村真民）

なぜ生きているのか

　私たちは今なぜ生きているのか、それは生きる縁があるからです。生かされているいのちだからです。生きる縁がなくなると死にます。生きていくことが出来ません。いま生きる縁があるから生きているが、いつ生きる縁がなくなるかわかりません。死ぬ縁が来たら死にます。事故か天災か病気で死ぬかわかりません。全身打撲をしたり、呼吸ができなくなったり、心臓が止まれば生きることが出来なくなるのです。若い人も海や川や交通事故や事件に巻き込まれたりしてで毎日のように亡くなっています。地震や放火事件で多くの人が亡くなりましたが、亡くなった人はまさか今日亡くなるとは思ってもみなかったでしょう。私たちは死に向かって生きているのではないのです。今をもらって生きているのです。いつ死んでもおかしくないいのちをいま生きているのです。どんなに死にたくないと思っていても、死ぬ縁が来たら死ぬのです。自分の命ではありません。無量の寿（いのち）によって生かされている命です。いま生かされている命も、いつか必ず死にます。いのちあるかぎり精一杯、悔いのないように生きたいです。それ故にこそ「どっちに転んでも大丈夫」と言える仏法に早く遇って欲しいのです。

この世に生まれて

　私たちは本当に不思議なご縁でこの世に生まれました。自分の意志で生まれたのではありません。気づいたら生まれていたのです。私たちはみな親を縁として、この世に、この国に、この時代に、男（女）に、そしてこの「私」として生まれてきました。不思議とは、不可思議ということで、思議出来ないということです。何故生まれたかということをいくら考えても答えは出ないということです。同じ親に生まれた兄弟（姉妹）でも、持って生まれたものは一人ひとりみな違います。それぞれ私を引き受けて、私として生きていかねばならないのです。持って生まれたものはみな違いますから、比べることは愚かなことです。本来上下も、優劣もないのです。タンポポがいくら頑張っても、チューリップやバラの花を咲かすことは出来ませんが、タンポポが見事に自分の花を咲かすということは素晴らしいことです。人類の歴史で、この私として生まれたのは、いま生きている「私」しかいないのです。二度と繰り返すことのできない、かけがえのない大切な人生です。この世に生まれたからには、たとえ短いささやかな人生であっても、「生まれて良かった」「私が私であって良かった」「いい人生であった」と喜び感謝して、この生を終えていきたいものです。そうなるためにも「遇い難くしていま遇うことを得たり」と言える仏法に出遇って欲しいと願っています。

何故死ぬのか

　私たちはこの世に生まれたからには必ず死にます。いつの時代でも、どこの国の人でも、いのちあるものは必ず死にます。100％間違いのない真理です。なぜ死ぬのかというと、生まれたからです。生まれたから死ぬのです。老少不定で順番はありません。早いか遅いかの違いです。早い人は生まれてすぐ死にます。長く生きても百年と少しです。いま日本の最高齢は116歳です。時代が進めばもう少しは長く生きる人はいるかもしれないが、その人も必ず死にます。もし死ななかったら大変です。人でいっぱいになり、地球はすぐに滅びるでしょう。死ぬからこそ、いま生きている命が尊いのであり、生まれてくる命がめでたいのです。死ぬからこそ歴史が出来ます。いのちのバトンタッチをして受け継いでいくことが出来ます。過去の歴史からいろいろと学ぶことが出来ます。死ぬからこそどう生きるべきかを学ぶのです。いつ、何処で、何で死ぬかはご縁次第です。いつ事故や天災や突然の病気で亡くなるかわかりません。まさに「朝に紅顔、夕べに白骨」となる身です。それ故にこそ若い時から、どう生きるか、どう死ぬかを学ぶのです。葬式や法事は、親しい人の死をご縁として、いのちについて学ぶ場です。安心して生き、安心して命を終えていける世界があることに気づいていきましょう。

無上尊とならん

　お釈迦さまが誕生した時、七歩歩いて「天上天下唯我独尊」と叫ばれたと伝えられていますが『無量寿経』では「吾、当に世において無上尊となるべし」とあります。無上尊とは、この上ない尊いということですが、上がないということは下もないということであり、上とか下とかという比較する心から解放されて、そのままで尊い存在であるということです。これは私たちがこの世に生まれてきた真の目的は、無上尊となることを教えているのです。真の独立者になることです。この世に生まれて私が私でよかったと心から思える私となることです。それは迷いの世界である六道を超えることを七歩が教えているのです。私たちは自力で迷いの世界を超えることは出来ないので、無量寿如来がありのままの世界（如）から（来）て念仏となり、「我にまかせ、必ず無上尊とする」とよび続けてくださっています。念仏に遇うということは、私がこの世で無上尊となることです。

　私が私であってよかったと、自分の人生を価値あるものと気づかせてくれるのです。

物みな自得す

　松尾芭蕉の言葉に、「静かに見れば、物みな自得す」とあります。自得とは、自分で引き受ける、与えられたご縁を受け止め、自体満足するということです。あらゆるもの、花も木も鳥も虫もそれぞれみな自得して生きていますが、人間だけはなかなか自得できないのです。それだけ我や煩悩が強いからです。比べたり、損得の計算をして引き受けられないのです。「どうして私だけがこんな不幸に合わなければいけないのか」と愚痴をこぼし自得できないのです。与えられたものは受け止めるしかないのです。人間もって生まれたものはみな違います。男として女として生まれたこと、その環境で育ったこと、それぞれ引き受けるしかありません。生きていればどんなご縁に会うかわかりません。そのご縁を受け止め、引き受けることにより生きる方向が見えてくるのです。松尾芭蕉の俳句に「よく見ればなずな花咲く垣根かな」とあるように、小さななずなの花が自得して、見事に自分の花を咲かしているように、与えられたものを受け止め自得して、それぞれ自分の花を咲かして生きるのです。

仏法を聞く

　仏法とは仏の教えです。法とはこの世の普遍的な真理であり、天地自然の道理
であり。この世のありのままの姿です。お釈迦さまは、この真理に目覚められ仏
（覚者）となられたのです。仏法を聞くとは、お釈迦さまが悟られた真理を聞く
ことです。真理とは、いつの時代でも、どこの国の人でも、どんな宗教を信じて
いる人でも、誰も否定できないのです。すべての人に共通するのです。そうでな
ければ真理とは言えません。では何が真理と言えるか。「生まれたら必ず死ぬ」と
いうことです。100％間違いのない真理です。誰も否定できません。このことを仏
法では「無常」と教えています。この世で常なるものはありません。すべて一瞬
一瞬変化しています。「時間よとまれ」ということはあり得ません。しかし人間は
この真理に逆らうから苦しむのです。「歳は取りたくない」「別れたくない、死に
たくない」「いつまでも若く元気でいたい」と願い、いつも真理に逆らって生きて
いるから苦しむのです。またすべての存在は、縁によって起こっているのに。実
体的にとらわれ、執着するところに苦しみが生まれます。

　仏法を聞くとは、お釈迦さまが悟られた真理を聞き、真理に従って生きていき
ましょうということです。

私の命ではない

　私たちがいま生きている命は、私の命ではありません。自分の所有物ではないのです。しかしほとんどの人は私の命と思っています。それが迷いの根源といってもいいでしょう。いのちの事実を見失うことになるのです。自分の意志で生まれ、自分で創った命ではありません。親をご縁としてこの世に生まれてきたのですが、目に見えない無量の寿（いのち）のはたらき、永遠の過去のいのちを受け継いで生まれてきたのです。生まれたときは自分の命とは思っていませんが、自我の芽生えと同時に私の命と思うようになるのです。命を私有化し、それから何事も自分中心に生きるようになり、自分が一番かわいいし、自分が褒められ、認められたら嬉しいが、自分が否定され、認められなかったらとても傷つきます。そして自分の命がなくなる死がとても不安で怖くなります。多くの人は健康で長生きを望んでいますが、一寸先は闇でいつ死がやってくるかわかりません。仏法に遇うということは、いのちの事実を気づかされ、死の不安を超えていくことです。私の命ではなかった、無量のいのちによって生かされているいのちであった。いま無量のいのちが「私」を生きているのです。この世での命が尽きると、いま生かしてくださっている無量寿であるお浄土に帰るのです。

やどかり

　浅田正作さんに「やどかり」という詩があります。「やどかりが自分の殻を　自分だと言ったらおかしいだろう　私は自分の殻を　自分だと思っている」私たちはほとんど自分の身体を自分だと思っています。しかし仏教に遇うとそれが間違いであると気づくのです。この身体は自分のものではないのです。生かされているいのちです。預かっているいのちです。無量寿のいのちが今、私を生きているのです。私たちは永遠のいのちを受け継いで、両親を縁としてこの世に生まれてきました。そして多くのいのちをいただいて今日まで生かされてきました。今までいただいたものを返すと自分のものは何もありません。いま私のいのちを預かっている以上、私に責任があるから大切に生きねばなりません。そしていつか名残惜しいですが、私のいのちがこの世からなくなる時が必ず来ます。それは永遠のいのちの世界へ、無量寿の世界であるお浄土へ帰っていくのです。しかし自分のいのちと思っている間は永遠に迷うことになります。仏教に遇うとは、この真理に気づかせていただき、生と死の垣根を取っていただくのです。そうすれば安心して生き、安心して私のいのちを終えていくことができるのです。

いのちより大切なもの

　星野富弘さんの詩に「いのちが一番大切だと思っていたころ生きるのが苦しかった。いのちより大切なものがあると知った日生きているのがうれしかった」とあります。多くの人は命が一番大切だと思っています。この命が一番大切だと思っている命は、私有化した命であり、自分の命と思っている命です。自我に執着した命ですから、我が身が一番かわいいし、我が身が亡くなる死が怖いです。自分の命と思い、命が一番大切だと思っている時では、寝たきり状態の星野さんにとって生きることがとても苦しかったのです。しかし星野さんにとってキリスト教との出会いにより、命より大切なものがあることに気づかれたのです。

　では命より大切なものとは何でしょう。いま私たちを生かしている大きないのちのはたらきです。自我に執着していない、自我を超えたありのままのいのちです。宗教の目的は自我を超えた真理との出遇いです。小さな自我の世界から、広い大きな世界に出ることです。自我の壁が破れると、物差しのない世界、分け隔てのない世界、比べなくていい世界を知り、そのままの私が喜べるのです。健康が良くて病気が悪い、生が良くて死が悪い、役に立つのが良くて役に立たないのは悪いという物差しはないのです。分け隔てはないのです。そのままでいいのです。そのままでいのち輝くのです。赤ちゃんのいのちはそのままで輝いていましたが、人間は自我で命を自分のものと思うようになり、世間の価値観にとらわれ輝きを失っていくのです。星野さんは、いのちは自分のものではなかった、大きないのちのはたらきの中で生かされているいのちであったと知った日「そのままでよかった」と生きているのが嬉しくなったのです。

我を破る教え

　仏教は我を破る教えです。我が破られなければ救いはないのです。人間は生まれた時、赤ちゃんの時はいのちそのものです。自分と他人の垣根や壁がないし、分別もハカライもなく仏さまのような存在です。ところが自我が芽生えてくると、いのちを私有化し自分の命にしてしまうのです。自分の命にすると我が身が一番かわいいし、自分と他人の垣根や壁を作り、どこまでも自分中心に生き、仏さまから遠ざかるのです。この我の世界を娑婆とか世間と言います。人間はこの我の世界で損得・善悪・上下・勝ち負けを分別し、計算し、争い迷い、苦しみながら生きているのです。仏教は娑婆（思い通りにいかない世界）を出ることを目的としています。自分の力で我の世界を出るのが「自力の教え」です。仏さまの力で我の世界を出るのが「他力の教え」です。自力で我を破ることを悟りと言います。ところが私たち凡夫は死ぬまで自力では我が破れないのです。卵の殻と一緒です。どんなに頑張ってもヒナは自分では殻は破れません。親に抱かれ、温められ、育てられて殻が破れて誕生するように、仏さまの慈悲と智慧のはたらきに抱かれ、温められ、育てられて、「小さな我の世界から、もっと広い大きな世界に出ていきなさい」という仏さまのよび声である念仏により我が破られるのです。「念仏とは自我崩壊の音なり」と言われるように、私の我の壁が破れる音こそが念仏であるのです。

我を超える

　仏教は我を超えて生きていこうという教えです。我があれば真実に出遇えないからです。しかし人間は死ぬまで我は無くなりません、「この自我、我執オレと一生つきあう相手」「またしても私、私という私、八十路を超えた今でも」と言われるように、どこまでも自我中心に生きています。我とは思い通りにしたい心であり、思い通りにならないことを「苦」と言います。何故苦しいのか、それは自分の思い通りにならないからです。肉体的にも、精神的にも自分の思い通りにならないから苦しくなるのです。我がなかったら苦しみは起こらないのです。そして我がいつも真理に背き、逆らい、救いの障害となっているのです。いささかも我があれば救われないのです。この厄介な我をいかに解決していくかということが仏教の根本問題です。我がある限りは、真理には出遇えないのです。信心も念仏も自分の我があったら、信心でも念仏でもないのです。私が信心するのではありません。私が信じる心は、都合が悪くなればすぐ崩れます。すぐにころころと変わります。信心とは私が信じるのではなく、仏さまのまことの心が我を破り信じさせてくださるのです。念仏も私の口から称えているのですが、仏さまが称えさせてくださっているのです。すべて阿弥陀さまのはたらきです。まったく私なしです。蓮如上人は「仏法には無我にて仰せられ候、われと思うこといささかもあるまじきことなり」と厳しく教えてくださっています。

自分がかわいい

「自分がかわいい　ただそれだけで生きてきた　それが深い悲しみとなった時　ちがった世界が見えてきた」(浅田正作) ほとんどの人が自分がかわいいと、ただそれだけで生きています。なかなかそれが深い悲しみになることはありません。逆に自分がかわいいのはあたりまえ、何が悪いと思っている人も多いと思います。私たちは気づかされなければわからないのです。自分がかわいいだけで生きていると、知らぬまに多くの人を傷つけ、分け隔てし、差別し、生かされていることが見えないのです。仏教を聞くとは、賢く、偉い人になるのではありません。反対に仏の教えに照らされ、自分の愚かさ・罪深さ・悲しみが見えてくるのです。見えてこなければまだ本当に聞いたことにはならないのです。ただ頭で聞き、我が身に届いていないのです。仏の真実、仏の光に我が身が照らされると、地獄の種をまいて生きている私の本当の姿が知らされるのです。「己の地獄の発見　そこから仏法が始まる　この地獄深くして底なし　ここから真の人生が始まる」「自分というものに光を当て　お知らせいただく　そのほかに宗教というものがあろうか」(浅田正作)

オリンピックを見て

　連日オリンピックを見て思ったことは、私は日本人だなあということ。日本選手の活躍している競技を中心に見て喜んだり、悔しがったり、日本選手が出てない競技はほとんど見ていない。そしてどこまでも人間は、私は、自我中心に生きていることが知らされました。すべての選手を平等に応援しようという気持ちはありません。日本選手のみです。たまに注目されている競技や外国選手見て応援することはあっても稀です。国の代表選手を国民が応援するのは当然だし、応援するから選手も頑張れるのですが。人間って我が身が一番かわいいです。さらに我が子、我が家族、我が地域、我が国と、まず我があってです。身近な選手や、もし我が家族が出場していたら一生懸命に応援するでしょう。白熱して来ると、勝って欲しいから相手に負けて欲しい、失敗して欲しいという情けない心が動きます。もともと人間は褒められるとうれしいし、怒られると腹が立つ、勝てばうれしいし、負ければ悔しいです。自己中心に生き、平等な心は持っていません。そうだからこそ柔道選手が、勝っても畳の上では喜んだりせず、相手を讃える姿を見ると感動します。ラグビーの試合後はノーサイドです。勝った側（サイド）も負けた側（サイド）もない（ノー）、互いに健闘を称えあうのです。逆に自我意識が強くなれば、相手憎しで差別や中傷になります。コロナ禍で大変な時のオリンピックです。オリンピックを見ていろいろなことを気づかせていただいています。

人間の原罪

　原罪というと『聖書』の中でアダムとイブが、決して食べてはいけないといわれていた「善悪の知恵の木の実」を食べたことで、何が善か悪かを自分で決めるという「自らを神」とする神への反逆の罪であり、その罪は子孫である人類全体が継承していると教えられています。原罪とは、もともと人間では誰でもが持っている罪への傾向性であり、『聖書』の中でとても優れた「エデンの園の物語」として説いています。仏教でいうならば、原罪とは自我です。自我の芽生えより「真理に背いて生きる」ようになります。命を自分の所有物と思うようになり、我が身がいちばん可愛くなり、どこまでも自我中心に生きることになります。苦しみとは、自我が思うようにならないことをいいます。仏教は自我の壁を破り、広い大きな世界に出ることを教えています。キリスト教では決して自力では救われないと教えています。神からの福音・恵みに同意することにより、神への罪から解放されるのです。自我も死ぬまでなくなりません。自力で自我の壁を破ることができないので、阿弥陀如来が念仏となり、自我の壁を破ってくださるのです。

真理は一つ

「真理は一つ、切り口の違いで争わぬ」という言葉に出遇いました。真理は一つです。真理とはありのままの世界であり、永遠に変わらない不変の道理であり、いつの時代でも、どこの国でも、誰にでも通用する法則です。お釈迦様は、この真理に目覚められて「仏陀」「覚者」となられたのです。宗教とは、真理を求め真理に生きることを目的としています。世界中に多くの宗教があります。仏教も多くの教えに分かれています。ただ一つの真理をどう受け止め、どう展開したかの切り口の違いです。私にはこの切り口の教えが一番ふさわしいと、人それぞれご縁や経験や性格により、自分にふさわしい教えを選べばいいのです。切り口の違いで争ってはいけないのです。他の教えを裁いたり批判してはいけないのです。謙虚になり認め合って、互いの切り口を尊重しなければいけないのです。いろいろな教えがありますが、その中で私は親鸞聖人が生涯をかけて伝えてくださった「ただ念仏」に遇い、生死（迷い）を超える道を教えていただきました。人それぞれ自分にとって、どの教えが一番ふさわしいか、救われていく教えであるかを問うていくべきです。

枠を超える

仏教、キリスト教、イスラム教の枠を超えて、何が真実か、何が人間の救いかを、まず第一に考えなければいけない。仏教もたくさんの宗旨・宗派に分かれているが、枠にとらわれて真実を見失ってはいけない。釈尊も親鸞聖人もまったく教団という組織を作る意思はなかった。もちろん組織を作ったおかげで長く続き、多くの人に伝わった恩恵はあるが、組織を作るとどうしても組織を守ることにとらわれ大切なことを見失ってしまう。いま個々の宗教というものは卒業し、宗教の枠を超えて人間の救済を伝えていこうという声を耳にするようになりました。その方がより自分の所属している宗教が本当に人間を救うことが出来るかを考えるようになります。真理は一つ、切り口が違うだけです。切り口にとらわれてしまうと真理を求めることを忘れてしまうのです。人間はすぐにいろいろな所で枠・壁・垣根を作り争っています。本来仏教の無我の教えはその枠・壁・垣根を越えていくことを教えています。まず私自身が、その枠にとらわれ縛られていないかを見つめていかなければいけないのです。

垣根を越えて

　毎日新聞の「余録」に書かれていたが、1300年前に長屋王が遣唐使に託し鑑真に贈った袈裟に「山川異域　風月同心　寄諸仏子　共結来縁」（場所は違っても心は通じ合える、この袈裟を僧に喜捨し、ともに来世で縁を結びましょう）と書かれた漢詩に鑑真が感銘し心を動かされ、日本に来ることを決意されたそうです。先日東京から新型肺炎に苦しむ湖北省に送られた支援物資に「山川異域風月同心」の文字が書かれSNSで広まり、中国の人たちを感動させたそうです。国は違っても心は通じ合えるものです。私も以前中国で大変世話になった友人から、「遠く離れ国は違っても、今同じ月を眺め照らされています。また会いましょう」というメールをもらいました。いま世界中で新型肺炎で苦しんでいます。いろいろな差別も生まれています。真理に、友情に、音楽に、鳥に、国境はありません。人間のエゴが国境や壁や垣根を作っているのです。国境や壁や垣根を越えて共に助け合っていかねばなりません。

私心なかりしか

「動機が善であり、私心がなければ結果は問う必要はありません。必ず成功するのです」京セラの創業者である稲盛和夫氏の言葉です。人間はどこまでも自我中心に生き、自己中心に考え、自分の利益や名誉を求め行動しようとして私心が入っています。稲盛氏は電気通信事業に参入しようとしたとき、半年間毎晩寝る前に「動機善なりや、私心なかりしか」と問い続けたそうです。「私心が混じっていないか」「自分の名誉や利益のためでないか」「スタンドプレイではないか」と。少しでも私心が混じっていれば、必ず厳しい追及があり反論できなくなります。私たちの日常の姿を見ても、きれいごとを言っても必ず私心が入っています。私心が入っていることになかなか気づけないのです。すぐに私心が起こる私の姿を、稲盛氏のように厳しく厳しく自問自答することが大切です。私心が混じっていれば必ず追及されます。疑われます。言い争いになります。紛糾します。「私心なかりしか」と自己の姿を厳しく見つめる眼を持ちましょう。

自尊心より大切なもの

　宮本輝著『流転の海』の中で、主人公の父親が息子に「自分の自尊心より大切なものを持って生きなければいけない」ということを何度も伝えています。宮本氏自身「父から与えられた最大の言葉です」と対談の中で述べられています。第四部『天の夜曲』の中で、「釈迦が提婆達多を満座の中で叱責し自尊心を傷つけたことで、釈迦に敵対し、教団に災いを為したとき、自尊心のために誓いと大目的を捨てるのか、お前には自尊心以上に大切なものはなかったということか、…己の目指そうとしているものが大きければ大きいほど、自分の自尊心など取るに足らないものになっていく」とありました。自尊心は自分というものを持つ上に大切なものですが、自尊心にとらわれると大切なものを見失います。自尊心とは自分に執着する心です。人から認められたい、誉められたい心でもあります。自尊心にとらわれると、自分を飾ったり誤魔化したり人を見下げたりします。そんな自尊心は捨てなければいけない、捨てたほうがいいのです。自尊心が傷つけられても、そこから立ち直る力を身につけなければならないのです。傷ついたことを受け止めプラスに、大きな目的の方に転換していくのです。人倫の嘲りを恥じない心を持つのです。

感動とは

　日本画家、東山魁夷氏の言葉に「私が花を美しいと捉えようとしている間は、まだ花の美に遇っていないのです。偉大な芸術家たちは、みなものの美に捉えられた人たちです。自分の我があったら本当に美しい絵は生まれないのです」とありました。自分の我で美しいとみるのではなく、花の美によって我が心が捉えられ感動させられたのです。感動とは、私が感動するのではなく、美しい花や絵や景色、素晴らしい言葉や行動に感動させられるのです。自分の我が入っていたら本当に美しい絵は生まれないように、我が入っていたら感動しないのです。私もインドのタージ・マハルや中国の紫禁城を見たとき感動しましたが、2度目に見た時は「前に見た」という我が入り感動しませんでした。念仏に遇う、信心をいただくということも、我が入っていたら念仏でも信心でもありません。仏さまのはたらきが我を破り私の心に届き、口から出てくださるのです。阿弥陀さまの一人はたらきです。

真実に生きるとは

　真実に生きるとは、真実に背いて生きている自分に気づきながら生きていくことです。「正直になろうとすればするほど、正直でない自分が見えてくる」ように、真実が私の不実を不実と気づかせ、真実へと導いてくれるのです。真実とは、辞書によれば「嘘・偽りのないこと、本当のこと、まこと」とあります。人間は縁次第で嘘を言ったり偽ったりします。人の為と書いて偽りと読むように、相手の為と思いながら、自分の都合で行っていることも多いです。「私は嘘を言ったことがないと嘘を言う」「ウソを言わない、人のかげ口を言わない、人にこびない、みんな私にできぬことばかり」これが私たち人間の真実です。以前NHKのプロフェッショナルという番組で坂東玉三郎さんが出演されていた時、アナウンサーが「歌舞伎の目標はありますか」という質問に、坂東さんは「天はごまかせません。天にごまかさないように生きていくことが目標です」と話されていました。厳しくごまかさず自分を見つめている人の言葉です。ごまかしている自分を知っているからこそ、ごまかさないように生きていくことが目標ですと話されているのです。

槍は通すもの

　先日のテレビ番組で聞いた話です。ある女性が大事な用事で京都から山形へ列車で行く途中、金沢あたりで大雪になり列車が進むことが出来ず引き返すことになった。どうしても山形まで行かねばならない女性が「やりきれないわ」と叫ぶと、横にいた紳士が「槍は切るものではありません。槍は通すものです」と静かに話したそうです。もうあきらめて帰ろうかと思っていた心が、その言葉を聞いて「やりとうそう」と思い返し、東京に回り別の便で予定より何時間もかかり山形に着いたそうです。無事山形に着いた女性は、現地の人から、約束を守るとても意志の強い女性だと褒められたそうです。その女性は、「槍は通すものです」という紳士の言葉がなかったらきっと諦めていたでしょうと話していました。心が折れかけていた時、心に響く言葉に出会うと生きる力となります。生きていれば「遣り切れない」「どうにもならない」ことは何度も出会います。その時に支えてくれる言葉、生きる力を与えてくれる言葉、悲しみに寄り添ってくれる言葉に出遇いたいものです。

人の為にするとは

「人の為と書いて偽りという」と言われるように、人の為と言いながら、自分のため、自分の都合でしていることも多いです。この事実を踏まえながら、人の為にすることは自分のためになるのです。自分の人生を豊かにするのです。奉仕とか布施ということは、人の為ではなく自分のためにするのです。布施をすることによって、自分の執着を捨てさせていただくのです。布施をするほうが「ようこそこの行をさせていただきました」とお礼を言うのです。自分に対しての執着が、人間の最大の執着です。自分がしてやったという思いを捨てさせていただくのです。世界ロータリーの会長をされていたシェカールメータ氏は「奉仕しよう、みんなの人生を豊かにするために」「奉仕とは自分がこの地上に占める空間に対して支払う家賃である」と述べられていました。お念仏を称えるということは、いま私たちを生かしてくださっている、目に見えない無量の寿（いのち）に対しての報謝行です。お礼をするのです。

ムヒカの言葉

　ウルグアイの前大統領ホセ・ムヒカ氏の言葉が世界中の人々に共感されています。「私たちは発展するために生まれてきたのではありません。幸せになるためにこの地球にやってきたのです」「貧乏な人とは、少ししかものを持っていない人ではなく、無限の欲があり、いくらあっても満足しない人のことだ」「発展は幸福を阻害するものであってはいけないのです。発展は人類に幸福をもたらすものでなくてはなりません」ムヒカ氏は言葉だけの人ではなく、実践されてきた人ですからとても説得力があります。先進国が追いかけてきた経済発展と現代人が満たそうとしているさまざまな欲を満たす自我の満足にたいしての警鐘です。「足ることを知る」という言葉があるように、いくらあっても満足できない人こそ本当に貧乏な人です。ムヒカ氏は「わたしは持っているもので贅沢に暮らすことが出来ます」と話していました。本当に心から、いのちが充実し、いのちが満足する人こそ豊かな人です。現実を引き受け、いただいたいのちをいただいたままに尽くして生きていきましょう。

老いを生きる

　生きていれば、早死にしない限り必ず老いていきます。老いるということは、いろいろなものを失って不自由になっていきます。体力、記憶力、家族をはじめ耳が遠くなり、目がかすみ、髪が薄くなり、死が近くなってきます。老いの事実が引き受けることが出来なければ愚痴や腹立ちになります。お参りに行き、年配の方から「歳を取ることは辛いです、苦しいです」という言葉を耳にします。思い通りにいかないからです。思い通りにしたい心（自我）が苦しみを生んでいるのです。ではどのように歳を重ねていくべきか？仏法に遇う、念仏に遇うということは、「失いざかりの人生」が「育ちざかりの人生」と変わります。いのち尽きるまで仏さまの「お育て」に遇うのです。いま生かされている「そのまま」を喜ばせていただけるのです。歳を取ることによって、今までわからなかったことがわかってきます。歳を取らねばわからないこと、気づくことも多いです。榎本栄一さんは「年齢を重ねると、身体は衰えるが、心の目は開かれる。人間の晩年は面白い。今まで生きてきた命の深さが見えてきた。深まる老いを拝みます」。樹木希林さんは「人間は自分の不自由さを何とかしようとするのではなくて、不自由さを面白がっていく。それが大事です。歳をとるということは本当に面白いものです」と述べられていました。

老いを楽しむ

　107 歳で亡くなられた、美術家篠田桃紅さんの『103 歳、ひとりで生きる作法』を読む。「人は生まれたばかりの赤ちゃんから、歳を取ったおばあさんに変わる。生き物は一切が変化する。これは真理中の真理である。歳を取れば、すべての機能が衰えるわけではないが、やっぱり若いほうがいいに決まっている。だが、老いたら老いたで、まんざらでもない。満足というほどはっきりしたものではないが、まんざら、でもないのである。」と述べています。現実を受け止め、老いを楽しんでいられます。また「昨年より衰えている。しかし、人の成熟はだんだん衰えていくところにあるのかもしれない。」とありました。歳を取れば不自由になってきます。でもその不自由さを何とかするのではなく、不自由さに仕えて人間は成熟するのでしょう。また描けなくてスランプになったとき、「だけど悩まない。私はその程度だと理解する。落ち込んだり、焦ってやけを起こしたりしない。自分はできるはずだと思っているから、落ち込んでやけを起こす。それを思い上がりと言う」とありました。自分を過大評価するのではなく、その程度なんだと受け止める。とても私の心に響く言葉でした。

自由に生きる

　よく私は、「人生を楽しんでいますね」「自由に生きていますね」という言葉をいただきます。確かに毎年盆過ぎには世界中を旅し、年間何回かは旅に出てます。毎年好きなコンサートを開催し、時間があれば友達と飲みに出ています。自由に生きる、安心して生きるには、「支え」なるものがあってこそ自由に、安心して生きることが出来るのです。経済的な支えがなければ、生きていくうえに何かと不安です。経済的な支えがあっても、精神的な支えがなければ寂しいです。子供が安心して自由に生きれるのは、親の支えがあればこそです。社会的な支えがなければ、安心して外に出ることができません。安心して外で働けるのも、家族の支えが大きな力になっています。どんなに強がっても、支えがなければ生きることは苦しいです。念仏に生きるとは、阿弥陀仏という「支え」をいただくのです。どんな時も支えてくださり、自由に安心して生きることが出来ます。世間の目を気にしなくなります。自分を飾ることもなく、そのままでいいから楽に生きれます。身体は不自由になっても、心は不自由になってはいけません。どんな状況になっても自由に安心して生きることが出来る「支え」をもちましょう。

人生はその日その日のこと

　人生はその日その日のことです。生きていれば、楽しい日、苦しい日、悲しい日、いろいろな日がありましたが、その積み重ねが、いまの私の人生です。「過去の因を知らんとすれば、現在の果を見よ。未来の果を知らんとすれば、現在の因を見よ」といわれるように、現在の果（今の私）は、過去の因（過去の私の行動や判断や決断）によるものです。どんなに辛くても時代や環境や他人のせいにしてはいけません。自分の行ってきた結果です。自分の行ってきた業（行為）が、今の自分を作っているのです。未来の果（将来の私）を知らんとすれば、現在の因（今の私の行動や判断や決断）を見つめなければなりません。いままでの過去の行動や判断や決断の結果が今の人生であるように、これからどのように行動していくかが今後の人生を決めていくのです。その行動の判断や選択となる道標を持っていますか。その指針となるものを持っているかどうかによって今後の人生は大きく違ってくるのです。自我中心に自分の願いの満足ばかりを求めてはなりません。私は仏さまの願いを聞き、仏さまに支えられ、念仏とともに歩んで生きていきます。

ご恩

　闇の夜の月の有難さはわかるけど　太陽の光のご恩は大きすぎてわからない

　雨の日の傘の有難さはわかるけど　屋根のご恩は大きすぎてわからない

　隣人の親切の有難さはわかるけど　親のご恩は大きすぎてわからない

　美味しいものを食べた時の有難さはわかるけど　多くの命によって生かされているご恩は大きすぎてわからない

　医学の進歩の有難さはわかるけど　仏さまに生かされているご恩は大きすぎてわからない

　目に見えるご恩の有難さはわかるけど、目に見えない無量の寿（いのち）のご恩は大きすぎてわからない

第2章　人生はご縁です

「縁起を見るものは　法を見る

法を見るものは　縁起を見る」

『中阿含経』

光寿無量

　あけまして南無阿弥陀仏

　人生はご縁です。不思議なご縁で生まれ、多くのご縁によって生かされ、ご縁によって死んでいきます。

そのご縁をどう受け止め、どう活かしていくかです。生きていれば必ず苦しい悲しいご縁にも会いますが、

苦しいご縁は人を育て強くします。悲しいご縁は人を深くします。どんな逆風でも、帆の立て方によって船は進みます。

　今年も何卒よろしくお願いします。

合掌

人生はご縁です

　いま人生はご縁であるということを痛感しています。本当に不思議なご縁でこの世に生まれ、多くのご縁によって今まで育てられ、ご縁によっていつか死んでいくのです。自分の力で生きているのではありません。眼に見えぬ多くのご縁によって生かされてきたのです。今まで食べたものによって私の身体が在るように、今まで出会ったご縁により、今の私が存在しているのです。生きている限りどんなご縁に会うかわかりません。縁次第でどうなるかわかりません。明日の命もどうなるかわかりません。死にたくなくても、死ぬ縁がくれば死ぬのです。いつ死ぬか、どんな死に方をするかわかりません。病死か事故死か天災で死ぬかわかりません。早く死ぬか、長生きするか、病気で長患いして死んでいくかわかりません。もちろん健康で長生きしたいという願いはありますが、どんなに気を付けていても縁次第でどうなるかわかりません。生きていれば、楽しい、嬉しい、素晴らしいご縁に会う時もあれば、悲しい、苦しい、辛いご縁に会う時もあります。多くのご縁によって生かされてきました。

　今の私は今までいただいた多くのご縁の積み重ねです。ただその時のご縁の受け止めによって違ってくるのです。勉強でもスポーツでもコツコツ学び練習してきた人と怠けた人とは大きく違ってきます。苦しい、悲しい、辛いご縁を逆縁として強く生きている人もいれば、落ち込んで愚痴の日暮らしをしている人もいます。良いことも悪いこともご縁です。自分の業（行為）が自分をつくるように、出会ったご縁をどう受け止めたかによって今の私が存在しているのです。命ある限り、いただいたご縁を活かしていきましょう。

縁起とは

　縁起とは仏教の中心思想であり、釈尊はこの縁起に目覚めて仏（覚者）になられたのです。縁起とは、すべての存在は縁によって起こっているということです。私という存在も縁によって起こっているのであり、私という実体はないのです。無我であり、空なのです。「色即是空」という言葉がありますが、色すなわち形あるもの、存在するものは、すべて縁によって起こっているのであり本来は空であるということです。その真理に逆らい、自分のものと執着するところに苦しみが生まれるのです。いま私たちは、生きる縁があるから生きているのであり、死ぬ縁がくれば死んでいく身です。

　縁起とは、条件・出会い・関係性・相依性の意味があり、すべての存在は何一つとして独立した存在はなく、時間的にも空間的にも互いに因となり縁となり、持ちつ持たれつの関係によって存在していることを教えています。縁起の定型句に「此れある故に彼あり、彼ある故に此れあり、此れ無き故に彼無し、彼無き故に此れ無し」とあります。お互いがお互いを成り立たしめているのです。

　この世のことは「陽と陰」「正と反」「生と死」「プラスとマイナス」のように、正反対のことがお互いを成り立たしめているのです。生があるから死があるのです。もし死がなかったら生は夢幻のごとくです。死があるから生が充実するのです。喜びや楽しみも、悲しみや苦しみがあるから、喜びや楽しみを感じられるのです。生きていれば必ず苦しみや悲しみに出会います。もし悲しみや苦しみがなかったら喜びや楽しみも起こらないでしょう。喜びや楽しみを味わうこともできません。苦しみや悲しみに出会ったとき、どう受け止めるのか、どう乗り越えていくのか。苦しみや悲しみは人を育て、強くし、いのちを深くしていくのです。

反対も必要

「電気を流すには、電気を流さない絶縁体が不可欠なように、この宇宙は陰と陽という正反対の二つの融合で成り立っている。自動車を走らせるには、走らせないブレーキが要るし、水を通すには、水を通さない鉛やビニールの管が要る。同じように、自説を通すには、それに反対する人（の論）が要る。反対者・批判者は敵ではなく、自説を磨くためには必要なもの。正を活かすには、反が要る」ロボットの父と呼ばれる東工大名誉教授森政弘先生の言葉です。何事でも正を活かすには反が必要なのです。政治を良くするには与党だけでなく、厳しく批判する野党が必要です。人生でも死があるから生が充実します。宗教でも必ず疑う人や批判する人がいます。その疑いや批判に応えてこそ正信が立証されます。反対者・批判者は自分の意見を磨くために必要なのです。反対や批判の声をきちんと受け止めることにより、学びを深め育てられ磨かれていくのです。

縁ということ

　縁という言葉にはいろいろな意味があります。仏教でいう縁は縁起の縁であり、条件・出会い・関係性・相依性の意味があり、すべての存在は何一つとして独立した存在はなく、時間的にも空間的にも互いに因となり縁となり、持ちつ持たれつの関係によって存在していることを教えています。縁起の定型句が教えているように、此れがあるのは彼があるからであり、彼があるのも此れがあるからです。此れも彼もなければどちらも存在しません。お互いがお互いを成り立たしめているのです。この世で関係のないものはないのです。みなつながっているのです。「私がご縁によって生かされているのではありません」。「ご縁によって私が生かされているのです」。いのちの事実を見失ってはいけません。ご縁の前に「私」が先に入っているから、「縁起が良い」「縁起が悪い」といい、良いご縁が欲しくて、悪いご縁は欲しくないと願うようになるのです。これが現世利益信仰の原点です。仏教では「縁起が良い」「縁起が悪い」ということは言いません。良いことも悪いこともいただきものです。生きていれば必ず嫌なご縁にも会います。そのいただいたご縁をどう受け止め、どう乗り越えていくかです。いまの私があるのは、今まで良いことも悪いこともいただいたご縁の積み重ねです。その時その時のご縁をどう受け止めたかによって今の私があります。良いご縁だけ欲しくて、悪いご縁は欲しくないと願っているだけでは寂しい人生となります。私の身体は、今まで食べたものによって出来ているように、私という存在も、今まで出会ったご縁によって出来ているのです。ご縁をしっかりと受け止めて生きていきましょう。

ご縁一つで

　人間の心は面白い。ご縁一つでコロコロ変わる。喜んでいても、悲しいご縁に会うと悲しくなる。楽しく元気に遊んでいても、急に悲しい知らせが来ると悲しくなるし元気がなくなる。喜んでいる時、ある人から嫌な言葉を浴びせられたら腹が立ちます。外出が面倒に思っている時、大好きな人から誘われたら、喜んで出かけます。本当にご縁一つで人間の心はどう変わるかわかりません。

　ここで大切なことは、私が喜んだり、悲しんだり、腹を立てたのではありません。私が喜び、悲しみ、腹を立てる前に、喜ぶご縁、悲しむご縁、腹を立てるご縁に出会ったから、私が喜び、悲しみ、腹を立てたのです。しかしその事実に気づかず、ご縁をいただく私が先にいるから、私が喜んだり、悲しんだりと思いご縁をそのままいただくことが出来ないのです。都合の良いご縁だけ欲しくて、都合の悪いご縁はいただけないのです。それ故に仏や神に、「どうか良いご縁が来て、悪いご縁は来ないように」と祈願するのです。本当に勝手なものです。

　生きていれば必ず、悲しい、苦しいご縁にも会います。その経験や体験を通して人は育つのです。学ぶのです。強くなるのです。仏さまは、人間の勝手な願いを叶える存在ではありません。ご縁の事実を教え、苦しみや悲しみを乗り越えていくことを導いてくださっているのです。

成熟とは

　古来より日本人は何かを行うにあたって「縁起を担ぐ」ことを好み、縁起がいいとおもわれる「縁起物」を贈ることをとても大切にしています。縁起が悪いものを贈ったら、失礼に当たると思われ、怒られます。だれしも良いご縁は欲しくて、悪いご縁は欲しくないのです。「福は内、鬼は外」です。多くの人が願いを叶えるために仏や神に良い縁が来て悪い縁は来ないようにと祈願しています。それほど日本人には、「縁起が良い」「縁起が悪い」という言葉は浸透しています。しかしどんなに仏や神に祈っても、生きていれば必ず苦しみや悲しみに会います。「人生は苦なり」です。一寸先は何が起こるかわかりません。仏教では、「縁起が良い」「縁起が悪い」ということは言いません。仏教は、良いご縁が来て、悪いご縁が来ませんようにと祈る教えではありません。悪いご縁が来ても、それを引き受け、乗り越えていく力を得ることを教えています。良いご縁も悪いご縁もいただきものです。

　「順境におごらず、逆境に落ち込まず」「逆境が人を育てる」といわれるように、逆境すなわち辛い、悲しい、苦しいご縁もいただいたご縁と受け止めれば、そのご縁を活かすことが出来ます。受け止めなかったら愚痴や腹立ちで終わってしまいます。どんな逆風でも帆の立て方によって船は進みます。人が育ち、学び、強くなるのは、辛い、悲しい、苦しいご縁を受け止めることにより成熟していくのです。仏や神に「どうか悪いご縁が来ませんように」お願いするのではなく、「今日はこんなに苦しいご縁をいただきました」と手を合わせていくのです。必ず出口が見つかります。

縁次第

　『歎異抄』（6条）に「つくべき縁があればともない、はなるべき縁があればはなるる」とあります。この言葉は縁があれば一緒に伴い、縁がなければ離れていくということです。しかし人間はこの道理がなかなかわからないのです。何故か、それは自分のものという執着があるからです。松下幸之助さんの言葉に「自分の金、自分の仕事、自分の財産、自分のものといえば自分のものやけど、これもやっぱり世の中の授かりもの、世の中からの預かりもの」とあります。世の中からの預かりものということは、仏教の中心思想である「縁起」が教えています。「縁起」とは「すべての存在は縁によって起こっている」ということであり、自分の持ち物でも縁があっていま自分が預かっているのであり、縁がなくなれば離れていくのです。これは自分のものだと執着するところに苦しみが生まれるのです。松下幸之助さんは天地自然の道理に従うことが、経営の本質であると話されています。宗教の本質もまさに同じです。そこに生きていく本質があるのです。私たちの命も縁次第でどうなるかわかりません。いつ、どこで、どんな死に方をするかも縁次第です。また助かるか助からないかも縁次第です。「助かる縁があれば助かり、助かる縁がなければ死にます」。たまたま発見が早かったとか、いい専門医が当直医であって助かったとか、飛行機に乗り遅れたので助かったとか、また歩いていたら上から鉄パイプが落ちて亡くなったこともありました。これはいくら気をつけていてもどうなるかわかりません。一寸先は闇です、いくら気を付けていても死ぬ縁が来れば死ぬのです。もちろん出来ることはしなければなりませんが、縁次第でどうなるかわかりません。大いなるいのちのはたらきに「まかす」しかないのです。
　「これから先の人生は、幸か不幸か知らねども、どちらになってもよろしいと確かな覚悟ができました」と「いつ死んでもよし、いつまでも長生きしてもよし」いえる教えに出遇ってほしいです。

逆縁を生かす

　人気バンド「SEKAI　NO　OWARI」に「プレゼント」という曲があります。その詩の中に「いま君のいる世界が辛くて泣きそうでも、それさえプレゼントだったと笑える日が必ず来る」という言葉がありました。生きていれば必ず苦しみや悲しみに会います。その逆縁をどう生かしていくかです。その苦しみや悲しみが後になってプレゼントであったと受け止めているのです。苦しみや悲しみを受け止めた人は強くなっていきます。作詞者自身小学生のころ、ひどいいじめにあったそうです。辛い経験があったからこそ人に響く詩や音楽が生まれたのでしょう。以前テレビで片手のバイオリニスト伊藤真波さんが見事な演奏をされていました。伊藤さんは「片手を失くして得ることが多くなった。私にとって片手を失くして良かったと思っています」と話していました。マイナスをしっかりと受け止めれば必ずプラスになる部分があります。それに気づけば心に力が湧いてきます。パラリンピックの選手たちも、事故や病気で障害になったときは絶望のどん底に落ちた気持ちになったことでしょう。その中で現実を受け止め、周りの支えもあったでしょうが、苦しみからの出口を見つけ見事にいのちを輝かして生き抜いています。タイの僧侶カンポン師は「苦しみは、心と体は自分だ、自分のものだと執着し、はまるところから生じてきます。その執着を取り除いていけば苦しみは生じません。苦しみからの出口は、苦しみを見ることによって現れてきます」と話されていました。また苦しみや悲しみをご縁として仏縁に出遇った方も多くいられます。ある奥さんは悲しみの中、「亡き夫が命をかけて導いてくださったのです」と話されていました。逆縁を生かしていきましょう。

まど・みちおさんの詩

　童謡「ぞうさん」で知られる詩人まど・みちお 100 歳の言葉に「どんな小さなものでも見つめていると、宇宙につながっている」とありました。私たちの命も、永遠の過去のいのちを受け継いで、いま自分の番を生きています。いのちの歴史を見つめると、宇宙につながっているのです。人類の歴史が 700 万年、地球の歴史が 40 億年、宇宙の誕生が 137 億年と言われていますが、長い長いいのちの歴史をたどって、いま私が生きています。いのちは永遠に生きているのです。まどさんに「せんねんまんねん」という詩があります。「あらゆるいのちとあらゆることは、めぐりあい、からまりあい、ささえあい、つながりあってつづいている」という言葉が詩集の帯に書いてありました。

　いのちは、つながりあい、ささえあって生かされ永遠と続いているのです。仏教で教えている縁起の世界です。すべての存在は縁によっておこっているのであり、いま私たちがこの世に生きているのは、生きるご縁があるからです。この世に生きるご縁が無くなれば、いま私たちを生かしている無量の寿（いのち）の世界、永遠のいのちの世界に帰っていくのです。

花は無心ではない

　植物学者、稲垣栄洋氏の「植物が花を咲かせるのは、昆虫を呼び寄せ花粉を運んでもらうためです。よく花は無心に咲いていると言いますが、そんなことはないです。すべての色と形には必ず意味があるので、何気に咲いているということはないです。」という言葉に出会いました。

「花はなぜ美しいのか、無心に咲いているからだ」という詩が好きだった私には、この言葉はとてもショックでした。また稲垣氏の言葉で「花ってすごい戦略家で黄色い花や紫の花も意味があり、春先に咲くタンポポや菜の花が黄色なのは、気温が低い時間から活動し始める小さなアブが好む色だからです。紫色の花は、紫外線が見えるハチの仲間を呼び寄せるためです」とありました。

　すべての存在は、みな縁によって起こっているのであり、何事も「果」があるということは、必ず「因」があるということです。森羅万象、すべての存在は縁起の道理、因果の道理により存在していることを再認識させられました。大きな地震が起こるのも、台風が来るのも、必ず原因があるのです。なぜそんな花びらの形になったのか、いつ咲いて、いつ散っていくのか。みなそれぞれ意味があるのです。

ぶれない心をいただく

　「さるべき業縁がもよおせば、いかなるふるまいもすべし」と『歎異抄』(13 条)に言われるように、人間は縁次第で何をするかわからない存在です。「悪いことをしてはいけない、言ってはいけない」と思っていても、縁次第で条件が整えば何をするかわからないということです。人間の心も縁一つで状況次第でどう変わるかわかりません。本当に心はコロコロ変わります。縁次第でいろいろな顔を見せています。そんな心の移ろいを仏典には「六窓一猿」と説いています。一匹の猿が縁次第で六つの窓から顔を出しているように、人間の心は常に変わることを教えているのです。喜んでいても、急に悲しいご縁に会うと悲しくなります。楽しく遊んでいても、他人から嫌な言葉を浴びせられれば腹が立ちます。外出が面倒な時でも、大好きな人から誘われたら喜んで外出します。夏目漱石『こころ』に「平生はみな善人だ。しかし利害が絡むと人間の心はどう変わるかわからないから恐ろしい」とあるように、仲良くしていても利害関係が絡むとどう変わるかわかりません。人間の心は決して変わらないという「まことの心」はないのです。縁次第でブレていきます。フラフラしています。そんな私たちの心を喚び覚まし、気づかせ、ぶれている心を「またぶれているよ」と気づかせ取り戻してくださるはたらきが念仏です。縁一つでどう変わるかわからない私であるから、仏の声（念仏）を生きる座り・土台・支えとして生きるのです。すぐにぶれやすい人、フラフラする人はお念仏を称えてみてください。

感謝について

「縁起」ということは仏教の中心思想ですが、よく「縁起がいい」とか「縁起が悪い」という言葉を聞きますが、これは仏教でいう縁起ではありません。縁起の前に「私」が先にいるので自分の都合で判断しているのです。良いことも悪いこともご縁です。いただきものです。そのご縁を受け止めて生きることを教えています。受け止めると悪いと思っていたご縁も必ず生きてきます。「感謝」ということも、私たちが言う感謝は、都合の良いことだけ感謝し、都合の悪いことは感謝できない。この感謝なら、喜んでいても都合が悪くなればすぐに愚痴や恨みになります。感謝とはいますでにいただいている恩恵に気づくことです。天地自然の恵み、無量のいのちに支えられ生かされていることに目覚めることです。仏や神にお参りするのは、お願いではなくお礼です。いまいただいているいのちの真実に感謝せず、もっと欲しいというのは我欲の満足に過ぎません。いのちの真実に出遇わないと感謝といっても駄目なのです。人間は慣れてくると「おかげさま」を忘れ、「あたりまえ」になり感謝する心を忘れて、自分の力だけで生きていると錯覚し傲慢になります。この錯覚が我欲を求め、人間同士の争いを起こします。この世で最も不幸なことは感謝の心がないことです。それ故にこそ、謙虚に仏さまの教えを聞かねばならないのです。

自然と人間

『阿弥陀経』に「共命鳥」（ぐみょうちょう）という鳥が出てきます。胴体は一つで、頭が二つあり、命を共にする鳥です。頭が二つあるので考えにも相違があり、いつも争っていました。ある時我慢の限界に達した左の頭の方が、右の頭がいなかったらどんなに自由に楽しく暮らせるだろうと思い、右の頭に毒を飲ませることにしました。すると食べたほうの右の頭は苦しみ死んでしまいました。左の頭は、これで自分の思い通りに生きていけると喜んでいたら、胴体は一つですから、毒がだんだんと全身に回り死んでしまうのです。この話はいろいろなことを教えています。すべてのいのちは単独で存在するものでなく、互いに関わりあって存在しているのです。自然と人間の関係も同じです。地球という一つの世界にいながら、人間が快適な生活を求めて、自然を破壊してきました。人間の都合で自然を変えていきました。いまその結果がそのまま出てきました。新型コロナウイルスも、プラスチックごみによる海洋生態系の損失も、温暖化による海面上昇、豪雨、熱中症など、自然を破壊した付けが回ってきています。他を滅ぼすことは自分自身を滅ぼすことになるのです。他を生かすことが自分自身をも生かすことになることを、極楽の鳥である「共命鳥」は教えているのです。

コロナから学ぶ

　人生何が起こるかわかりません。一寸先は闇です。それ故にこそ元気な時から、若いうちから、平生の時から、どっちに転んでも大丈夫と言える、生きる土台となる教えを聞いていなければならないのです。このたびのコロナウイルスにより人間の愚かさ、醜さ、自分勝手さが知らされます。マスクや消毒液の買い占め、また欧米ではアジア人に対する差別や偏見が多く起こっています。日本でも医療従事者、感染者や周りの人たちへの差別や偏見が多く起こっています。誰しもいつどこで感染するかわからない、もし自分や家族が感染し差別、中傷されたらどんな気持ちになるか考えてもらいたい。見えない恐怖に正しく向き合い、自分で考える物差しを持ってもらいたいです。なぜコロナウイルスが起こったのか。ウイルスが人間を襲ったのではなく、人間のほうからウイルスを引き出してしまったのだ、コロナウイルスは天災ではなく人災であり、現代の矛盾を映し出す鏡であるといわれています。イタリア人作家パオラ・ジョルダーノさんは、「ウイルスを引き出したのは、野生動物と人間の接触であり、その一因にますます頻繁になっている豪雨と干ばつの激しく交互する異常気象があり、その原因は温暖化による気候変動である」「自然と環境に対する危うい接し方、森林破壊、僕らの軽率な消費行動にこそある」と述べています。これから私たちが自然と環境についてどう生きていくべきかをとても考えさせられます。このたびのコロナウイルスが終息しても、人間が傲慢になり、自然環境を傷つけると、地球からの警鐘としてまた新しいウイルスが起こってくるでしょう。

宗教とは何か

　日本人の多くは、宗教とは人間の力を超えた仏や神にすがって、心の安らぎやご利益を得るものであると思っている人が多いです。正月の初詣やえべっさん、節分、受験時期には、多くの人が家内安全・商売繁盛・合格祈願を求めてお参りしています。しかし仏教は仏さまに願って、心の安らぎやご利益を得る教えではありません。仏教は外に救いを求める教えではありません。内なる救いを得ることを教えています。仏とは、目覚めた人・覚者と言われるように、自分の中での気づき、目覚めを促す教えです。仏の教えを通して、自分が問はれ、今まで見えなかったことが見え、気づかなかったことに気づいていくのです。仏さまが生きる目となり足となり生きる大きな支えとなってくださるのです。仏の願いや念仏は、今まで空しく気づかずに過ごして生きてきたが、仏さまによびさまされ、育てられ、私自身のいのちの願いに気づかされ、仏さまに生きる力、喜び、安心を与えられるのです。自分が問はれなかったら仏教ではないのです。

いのちの満足

　宗教とは、「人間の力を超えた仏や神にすがって心の安らぎを得る教えである」と思っている人が多いですが、仏教は違います。仏教は外に救いを求める教えではありません。お釈迦さまは外に救いを求める道は「外道」であると否定されました。仏とは覚者（めざめた人）といわれるように、外に救いの道を求めるのではなく、自分の内に気づき・めざめを促す教えです。人間は誰しも、自我の根底にいのちの要求を抱いています。本当に生きたい、真実に生きたい、確かなものに遇いたいと、いのちの満足・いのちの充実を求めているのです。私たちはよく日常生活の中で、空しい・退屈だ・不安であるという気持ちが起こりますが、それはすべての人の中に真実なるものを求める心がうずいているのです。真実に生きたいと、いのち自身が要求しているのです。仏法に遇う、念仏に遇うということは、何か新しいものが外から付け加わって、私が大きく変えられるということではなくて、今まで空しく過ごして気づかずにいた私自身のいのちの要求にいま初めて気づかされた、私を促し続けていたいのちの願いにいま初めて遇うことが出来たということです。そして出遇ってみれば、もうそれを離れて生きれないし、出遇ってみればそれはつねに私を促し導き育て続け、私を真実の道へ歩ませてくださるのです。

生きる意味の転換

　アウシュビッツ強制収容所における体験から生まれた、フランクルの『夜と霧』の中で、「必要なことは生きる意味についての問いを180度方向転換することだ」と述べています。「生きていることに何も期待が持てない」と人生を絶望している人間がいるが、私たちは生きることから何かを期待するのではない。「もういい加減、生きることの意味を問うことをやめ、私自身が問いの前に立っていることを思い知るべきなのである。生きることは日々、そして時々刻々問いかけてくる。私たちはその問いに答えを迫られている。生きるとは、生きることの問いに正しく答える義務を引き受けることに他ならない」と教えています。このフランクルの言葉は、わかりやすく言えば、良いご縁が来て悪いご縁が来ないように願う生き方から、どんな悪いご縁が来ても引き受けて生きていこうということです。生きていればどうにもならないことが起こります。その状況の中で、人生に絶望するのではなく、その問いを引き受けて、この苦しみは、何を私に問うているのかと、その問いに応えていかねばならないということを教えているのです。「念仏に遇う」ということはその問いに応えているのです。

第3章　念仏に遇う

念仏は "あなたを決して見捨てない" という
如来大悲の　叫びです

念仏は　私が仏をよぶ声ではなく
仏が　私を　よびたもう　声

正親含英

めでたい言葉

　今年も、「あけまして南無阿弥陀仏」「元旦や　めでたきものはお念仏」という年賀状をいただきました。念仏というと世間では暗いとか、あまり良いイメージはありませんが、これ以上めでたき言葉はないのです。永遠の生命・無限の智慧である阿弥陀仏を生きる支えとして生きていきますということです。念仏とは真理の言葉、仏さまの言葉であり人間の言葉ではありません。自分の都合やハカライで称えるものではありません。仏さまはいくらお念仏を称えても、私たちの勝手な願いを叶えてくれません。反対に仏の願いを聞いてくれといつもよび続けていられるのです。そのよび声が念仏です。そのよび声を聞いていくのです。私の口から出る念仏を、仏さまのよび声を聞いていくのです。

真理の言葉

念仏がわからないという人や、念仏を誤解している人がまだまだとても多いです。念仏とは真理の言葉、仏の言葉です。『聖書』に「はじめに言葉ありき、言葉は神とともにありき、言葉は神なりき」とあるように、人間を救うために真理が言葉となって顕れてくださっているのです。『歎異抄』に「火宅無常の世界は、よろずのこと、みなもってそらごとたわごと、まことあることなきに、ただ念仏のみぞまことにておはします」とあるのは、念仏が真理の言葉、仏の言葉であるからです。人間の言葉ではありません。人間の言葉にまことはありません。真理が阿弥陀如来となり、阿弥陀如来が念仏となって、「阿弥陀仏に南無せよ」「我にまかせよ、必ず救う」とよび続けてくださっているのです。人間はいつも自我中心に生き、真理に逆らい、真理に背いて生きています。それ故に真理の方から来てくださり、真理が如来となり、如来が、「真理にめざめよ」とよび続けてくださっているのです。いつでも、どこでも、どんなときでも、「あなたと一緒です」「決して見捨てない」「必ず仏にする」と私たちの口から出てくださっているのです。念仏を称えて生きていきましょう。

誰でもできるから尊い

　念仏とは、ただ阿弥陀仏の名を称えるだけです。誰でも出来る簡単な行です。何故親鸞聖人や多くの方々が生涯をかけて、簡単な行である念仏を伝えることに命をかけられたのでしょうか。人間の価値観では、誰でも出来ないことをするから尊い。価値があると思われています。またどんな社会でも上に行けば上に行くほど偉い人と思われています。政治でも、会社でも、学問でも、スポーツでも、芸術でも、自力の仏教でもそうです。しかし阿弥陀仏の価値観は全く違います。「誰でも出来るから尊い」と教えています。阿弥陀仏の救いは、人を選ばない、分け隔てしない、差別しない、上下なし、優劣なしです。平等に救うということです。そのままでいいんです。それには誰でも出来る行でなければなりません。その為に阿弥陀仏は誰でも称えることが出来る念仏になって「我が名をよんでくれ」とよび続けてくださっているのです。もし厳しい条件が付けられれば、果たしてどれほどの人が救われるでしょうか。私たち煩悩いっぱいの凡夫は救われません。「誰でも出来ないことをするから尊い」のではなく、「誰でも出来るから尊い」ということに気づいて欲しいです。誰でも出来る念仏に遇うということは、そのままで価値あるものにしてくださるのです。そのままで救われるのです。

念仏を称える主体

　浄土真宗は世界で一番簡単で、シンプルな教えです。ただ念仏です。念仏一つの教えです。他は何もいらないのです。何故念仏一つで救われるのかを聞いていくのです。阿弥陀如来が、私たち煩悩具足の凡夫を救うには、念仏しかないと見抜かれて、自ら南無阿弥陀仏という名前の仏、言葉の仏となってくださったのです。そして「我が名をよんでくれ」「我が名を生きる支えとしてくれ」「我にまかせ、必ず救う」と声の仏となり、念仏の中に阿弥陀さまの智慧と慈悲の功徳をすべて込めて、喚（よ）び続けてくださっているのです。私たちが念仏を称えるということは、阿弥陀さまが私たちの口から出てくださるということなのです。「念仏を称える主体」はどこまでも阿弥陀さまなのです。しかし浄土真宗の「念仏とは何か」ということを聞いてなかったら、念仏を称える主体が「私」になっているのです。私の願いを叶えるための手段になっているのです。私の念仏をいくら一生懸命に、何万回称えても、そこには喜びや安心や救いはありません。念仏は救いの手段ではありません。救いの言葉です。他力の念仏は阿弥陀さまが口から出てくださっているのです。まず無心に念仏を称えましょう。念仏を称えるうちにおのずと阿弥陀さまが私の口から出てくださっていると、我が耳に阿弥陀さまの声を聞いていきましょう。

母乳のごとし

　ご和讃に「如来の作願をたづぬれば、苦悩の有情をすてずして、回向を首とし
たまひて、大悲心をば成就せり」とあります。阿弥陀如来が、なぜ本願を起こさ
れたかというと、苦悩の有情を必ず救わずにおれないという願いを起こされ、す
べての人々をどうしたら救うことができるかを長く思案され、南無阿弥陀仏とい
う六字の名号を回向して、私たちを救うという大慈悲心を完成されたのです。念
仏でなければ私たち凡夫は救われないということを見抜かれたのです。よくお念
仏は母乳にたとえられます。母乳の中に子供が育つ栄養が満点に備わり、しかも
免疫力もあり、赤ちゃんに飲みやすく届けられています。念仏は六字の名号の中
に、如来の功徳をすべて備えて私たちに届けられています。しかも念仏は易行で
とても易しく誰でも称えられます。赤ちゃんが母乳を飲まねば育たないように、
私たちが唯一救われるには、ただ口に念仏を称えなければ救われないのです。赤
ちゃんが母乳を飲み育つように、お念仏を称えましょう。育てられます。生きる
力となります。一寸先は闇で何が起こるかわからない娑婆で、ただ念仏のみぞま
ことです。「わかってもわからんでも念仏申しなさい。そして念仏によって育て
られなさい」（信国　敦）

いつも一緒

　心を込めて念仏を称えるのではない。一生懸命念仏を称えるのではない。数多く念仏を称えるのではない。それは人間のハカライです。念仏は救いの手段ではない。念仏を称えて善根や功徳を積むのではない。念仏を称えるとは、我がハカライにあらずです。もちろん私の口から念仏を称えるのですが、阿弥陀さまが称えさせてくださっているのです。子供が「おかあさん」と呼ぶことと同じです。赤ちゃんが「おかあさん」と呼ぶまでに 2・3 万回は聞いているそうです。お母さんが呼ばせているのです。お母さんの愛情が「おかあさん」という名にすべてを込めて赤ちゃんに呼びかけ、それに応えているのです。子供は、寂しい時、悲しい時、辛い時、もちろん嬉しい時も「おかあさん」と呼んでいます。同じように私たちも、寂しい時、悲しい時、辛い時、もちろん嬉しい時も、時や場所を選ばず念仏を称えます。「いつも一緒だよ」「どんな時もあなたを支えるよ」「必ずあなたを救うよ」とよびかけられているよび声に応えているのです。神風特攻隊の人たちが突撃の時、多くの人は「天皇陛下万歳」ではなく「お母さん」と叫んだと言われています。お母さんが名前となって息子の口から出てくださっているのです。「いつも一緒だよ」「どんな時も支えるよ」お母さんの温もりが伝わっているから、お母さんが名となって口から出てくださったのです。念仏も同じです。

念仏は聞くことです

　念仏とは、阿弥陀さまの声を聞くのです。自分の口で称えて、自分の耳で聞くのです。自分で称えるのですから、どんなに耳の遠い人でも聞こえます。自分で称えているのですが、阿弥陀さまのはたらきにより称えているのです。他力の念仏は、念仏を称えて自分の願いを聞いてもらうのではなく、念仏を称えて阿弥陀さまの願いを聞くのです。念仏は称えることより聞くことが重要なのです。私が称えている念仏ですが私ではないんです。阿弥陀さまのおよび声です。念仏とは私が仏をよぶ声ではなく、仏が私を喚んでくださっている声を聞くのです。念仏は、阿弥陀さまのよび声を名号と言い、私たちが称える念仏を称名といいます。称名は阿弥陀さまが称えさせてくださっているのであり、阿弥陀さまの願いを聞くことなのです。足利浄圓師は「親鸞聖人の宗教は聞名の宗教であります。称名とは、み名を聞くことであります。称名念仏とは口を動かして懸命になって努力している心に価値があるのではなく、謹んでみ名において打ち明けられている如来の御心を聞くことであります。称えるのではなく如来の真実の、自分を喚びさましてくださる御声を、そのまま聞くところに浄土真宗の全体があり、親鸞聖人の宗教のありたけがあります。聖人の宗教は、この自分を喚びさましてくださる御声を、み名において聞くだけであります」と教えられています。

　阿弥陀さまはその人に応じていろいろとよびかけてくださっています。一人で寂しくしている人には、「いつも一緒だよ」。死が怖い人には、「心配ないよ、必ず仏にするよ」。人と比べ落ち込んでいる人には、「比べなくていいよ、あなたはあなたのままでいい」といつも一緒に喜び、悲しみ、よび続けてくださっています。まだ念仏を喜んでいない人も、疑っている人も、念仏を称え、阿弥陀さまの願いを聞いてください。「信心の人におとらじと疑心自力の行者も、如来大悲の恩をしり称名念仏はげむべし」です。

救いに条件なし

　救いに条件はありません。もし条件があれば差別を生みます。条件が出来る人しか救われません。真の救いとは言えません。平等に救うには条件があってはならないのです。もし念仏を称えなければ救われないとか、信心がなければ救われないという条件があれば浄土真宗ではありません。念仏も信心も救いの条件ではありません。信心とは私が信じるのではありません。私が信じるという「私」が入れば信心ではないのです。また私が信じようとするから信じられないのです。「何十年と聞いたが信じられない」という声を聞きます。自分の理性や分別で信じようとするからです。自分でわかろうとする心がわからなくしているのです。信心とは「必ず救う、決して見捨てない」という阿弥陀さまの願いが至り届くことです。信心は私が信じるのではなく阿弥陀さまが信じさせてくださるのです。阿弥陀さまからいただく信心です。信心とは阿弥陀さまの心が届いた証です。条件ではありません。念仏も私が称えるのですが、阿弥陀さまが念仏となって私の口から出てくださるのです。私の行ではなく阿弥陀さまの行です。阿弥陀さまが称えさせてくださっているのです。念仏を称える主体は阿弥陀さまです。念仏を称えることは救いの条件ではありません。私たちが念仏を称えることは感謝の言葉であり、報謝行です。阿弥陀さまは一切の条件を付けずに、「そのままの貴方をそのまま救う」とよび続けてくださっています。無条件の救い、そのままの救いこそ、私たち凡夫が救われていくのです。

自然の法則

　仏教では自然（じねん）といいます。自然とは、親鸞聖人は「おのずから、し
からしむということで、行者のはからいにあらず」と述べられています。おのず
からそうなっているさまで、人間のはからいが、人為が少しも入っていない、あ
るがままのことです。そして「自然のありさまと申すことをしらしむるを法則と
いう」と教えられています。「念仏を称えれば仏になる」ということは自然の法則
なのです。念仏は人間のはからいで、自分の都合で称えるのではありません。真
理が如来となり念仏となり私たちの口から出てくださっているのであり、少しも
人為が加わっていません。信心も私の心から自発的に起こるのではありません。
「信は願より生ずる」と和讃にあるように、如来の願により生まれるのです。花
が自発的に勝手に咲くのではない。太陽や水のはたらきで咲くのです。「春にな
れば花が咲く」こともおのずからしからしむ自然の法則です。太陽や水のはたら
きにより芽が出て花が開くように、「念仏を称えれば仏になる」ことは自然の法
則です。「信は願より生ずれば、念仏成仏自然なり」です。

念仏はいのちなり

「念仏はいのちなり　念仏はまことなり」この言葉は、宮崎県都城市の田島念仏洞の石碑の言葉です。江戸時代、薩摩藩やその周辺の藩は約300年間、浄土真宗を、念仏を禁制しました。「すべての命は平等で尊い」という浄土真宗の教えが、当時の封建体制には恐怖であったのです。そして念仏者の結束力により統一的な行動が一向一揆へとの危険性を感じたからです。見つかれば斬首・磔・石責め‥の厳しい拷問がありました。その厳しい弾圧の中、山の中の洞に集まり、念仏を生きる支えとして、念仏を守り抜いてこられたのです。「念仏はいのちなり」です。いのちそのものが念仏となり、私のいのちを支え続けています。いのちが私を生きているのです。「念仏はまことなり」です。この無常の世の中で変わらないまことは念仏のみです。念仏を喜び、生きる支えとして苦難を乗り越えていかれたのです。熊本県球磨郡の山田村の伝助さんは、本山に懇志を納めにいった帰り、密告され捕まりました。役人は「念仏を断ち仏像を焼いたら許してやる」と転宗を迫りましたが、伝助さんは「私は命に執着して御恩報謝の念仏をやめようなんて思いもよらぬことです。私の称名念仏は阿弥陀さまのご方便によるもので、私一存のハカライではありません。念仏を断ち仏像を焼いたところで内心の信心を打ち消すことはできません」と答え、高らかにお念仏を称える中、斬首され。さらし首にされたそうです。念仏とは、私が仏をよぶ声ではありません。仏が私をよぶ声です。阿弥陀さまが私の中に入り私のいのちとなってくださっているのです。信心も私がつかんだものではありません。自分で握っているもの、つかんでいるものなら放すことができますが、内心の信心は自分の都合で打ち消すことはできないのです。「念仏はいのちなり　念仏はまことなり」です。

私の悲しみを知る

　ベルギーのアドリアン・ペール博士は「仏法が届いている人と届いていない人の違いは、私の悲しみが見えているかどうかです」と話されていました。いくら仏法を長年学んでも、聞いても、私の悲しみが知らされなければ、まだ仏法が届いていないのです。仏法が届かなければ生きる喜び生きる力となりません。理性や道徳では私の悲しみは見えません。仏の光に照らされなければ我が身の悲しみや恥ずかしさは見えないのです。親鸞聖人の一貫した立場は、どこまでも煩悩具足の凡夫であると我が身を悲しまれていました。私の悲しみが知らされなければ、仏さまの悲しみが身に響いてこないのです。悲しみと悲しみの共感です。悲しみは悲しみを知る仏さまの悲しみに救われるのです。「大悲あるが故に生きるを得たり」です。私の悲しみを知ることは、目覚めです。救いです。「自分がかわいい、ただそれだけで生きてきた。それが深い悲しみとなったとき違った世界がひらけてきた」（浅田正作）

愚かになれ

「賢くなろうとするな、愚かになれ」これが念仏の目指す道でもあります。仏さまの真実に遇えば、自分の愚かさが見えてきます。愚かさが見えてこないのは、まだ仏さまと出遇えていないのです。法然聖人は「愚痴の法然房」、親鸞聖人は「愚禿親鸞」、良寛さんは「大愚良寛」、比叡山の開祖最澄は「愚かの中の極悪」と自分のことを語っています。アップル社のスティーブ・ジョブス「ハングリーであれ、愚かであれ」と若者に語っていました。愚かであることに気づけば謙虚に学ぼうとするのです。現代は賢くなることばかりを教えて、愚かになることを教えないから、愚かであることに気づきにくいです。しかし愚かにならねば、仏の慈悲は届きません。仏の声は聞こえないのです。念仏の教えは「愚者になりて往生す」と言われるように、愚者でなければ救われないのです。賢者は自力作善の人ですから、自力で善を積んで悟ろうとしている人ですから、自分のハカライ・分別を捨て阿弥陀仏にまかせることはできません。多くの人の仏教のイメージは、よく修業を積み賢者になって、立派な人になって救われていくと思われているようですが、人間の正体を見ると、この自力の道では救われがたいのです。「みな人の心の底の奥の院、開帳すれば本尊は鬼」「掃けば散り、払えばまたも散り積もる、人の心も庭の落ち葉も」「正直になろうとすればするほど、正直でない自分が見えてくる」「ウソを言わない、人のかげ口を言わない、人にこびない、みんな私にできぬことばかり」とうたわれているように、人間は臨終の一念に至るまで煩悩は無くならないのです。その人間の正体を見て阿弥陀如来という仏さまは、罪悪深重で煩悩いっぱいの衆生を必ず救うという願いを起こされ、はたらき続けてくださっています。私の愚かさ・醜さ・恥ずかしさを知り救われない私であると見えた時、阿弥陀さまのお慈悲がわが身に響くのです。「愚者になりて往生す」です。

薬と病気

　いくら素晴らしい薬があっても、健康な人に薬は必要がないです。病気でない
のに薬を飲む人はいません。ただ病気であるのに、自分の病気に気づいていない
人もいます。早く自分の病気に気づいて薬を飲むべきです。手遅れになります。
阿弥陀如来は、私たちの病気を見抜き、唯一私たちの病気が治る薬を届けてくだ
さっています。それは念仏という薬です。誰でもすぐに飲めます。しかしその薬
を飲む人は少ないです。それは何故か、自分が病気であることに気づいていない
からです。どんな病気かというと、罪悪深重煩悩具足の凡夫という病気です。い
つも自分中心に生き縁次第ですぐに怒りや愚痴や貪欲を起こしている私たちの
病気です。この凡夫という病人が救われるのは念仏という薬しかないのです。気
づかない私たちのために阿弥陀如来は、無量の光を照らし続け我が身の病気を気
づかせ、早く念仏の薬を飲むようにとはたらいてくださっています。また多くの
諸仏たちが、「あなたの病気は念仏の薬しか助からない、早く薬を飲みなさい」と
勧めてくださっています。早く念仏の薬を飲み、無碍の一道の人生が歩みましょ
う。

仏に遇う

　仏さまに遇うということは、「必ず救うという仏」と「救われない私」がピタッと一致した時に遇えるのです。法の深信と機の深信が一つになることです。人間はどこまでも自我が強いから「救われない私」であるということがなかなか気づけないものです。それ故に仏さまは光でもって私たちを照らし育て、私たちの煩悩の深さを気づかせてくださっているのです。仏法を聞けば偉くなるのではない、賢くなるのではない、立派な人になるのではない。反対です。私の愚かさ、罪深さ、恥ずかしさが知られ「救われない私」が気づかされるのです。その時「必ず救う」という仏のよび声が我が身に響いてくるのです。光明を縁として、名号を因として信心の華が開くのです。

懐の中へ

　仏法を聞くと、仏さまのはたらきに照らされ、今までは少しも気づかなかった
が、日々の生活の中でふとしたことで自分の愚かさ、醜さ、恥ずかしさが見えて
きます。自分の本当の姿が知らされます。ふとしたことで「言わんでもいいこと
を言ってしまった」「すぐに比べて見下げていた」「人の為と言いながら自分のこ
としか考えてなかった」「思い通りにならなかったらすぐ怒っていた」「本当に縁
次第で何を思うかわからない私であった」と知らされます。自分が罪深い煩悩い
っぱいの凡夫だと気づかされたとき、阿弥陀さまの胸の中に落ちていくのです。
阿弥陀さまの懐の中に抱かれていたと気づかされるのです。その時に念仏に遇え
るのです。いままでなかなか出なかった念仏が口からこぼれてくるのです。悲し
みがそのまま喜びの世界へと転換するのです。念仏が生きる大きな力となるので
す。

「私」のために

　阿弥陀如来という仏さまは、苦悩している人々を悲しまれ、必ず救うという願いを起こされ、どうすれば十方衆生を救うことが出来るかと長い間で考え抜かれ、南無阿弥陀仏という名前の仏さま、声の仏さまになられたのです。阿弥陀如来の願いは、「我が名を称えて欲しい」という願いであり、いつも私たちをよび続けてくださっているのです。念仏を称えるということは、阿弥陀さまが口から出てくださるのです。「いつも一緒です」「決して見捨てない」「どんな時もあなたを支える」「我にまかせよ、必ず救う」とはたらいてくださっているのです。しかしなかなか念仏が口から出てこないです。それは何故か、この「私」を救うためによんでくださっている実感がないからです。この煩悩いっぱいの、救われがたい「私」を救うために念仏となり、いつもよび続けてくださっていることに気づけば、おのずと念仏が口から出てきます。救われぬ身に阿弥陀さまの大悲心が沁み込んできます。阿弥陀さまの願いを聞き、お念仏を称えましょう。大きな安らぎとなり、生きる力となります。

よび声

　念仏とは阿弥陀如来のよび声です。念仏は阿弥陀さまが、遠く離れたところからよびかけるのではなく、私たちの口を通して、よび続けてくださっているのです。念仏は私が称えているのですが、阿弥陀さまが称えさせてくださっているのです。「私が申す念仏やけど私でないがや、仏さまのよび声や」「称えても　称えても　また称えても　弥陀のよび声」「み仏のみ名を称えるわが声は、み仏の我をよびますみ声なり」です。阿弥陀さまが仏のみ名（念仏）を私によばしめて、安らぎの心を与えてくださっています。凡夫の私たちが救われるのは、「ただ念仏」しかありません。縁次第ですぐに煩悩が湧きあがっている私たちに、「ハカライを捨て、我にまかせよ」と念仏となり、いつもよび続けてくださっています。「救われぬ身に染みわたる弥陀のよび声です」念仏とともに、この人生を生き抜いていきましょう。

用（はたらき）さま

阿弥陀如来のはたらきの字は働ではなく用で、用（はたら）きさまと呼んでいました。阿弥陀如来という仏さまは、私たちが願う前から、如来の方から、私の方へ、私の方へはたらき続けてくださっているのです。多くの信仰では、信じる対象を向こうに置き、私たちの方から信じる対象に向かって願いをかけたり、祈ったりして、その代償としてご利益いただくというのが一般的な信仰の形です。浄土真宗の信心とは、決して信じる対象を向こうに見ないのです。ご本尊である阿弥陀如来は、私たち凡夫が自力では決して助からないことを見抜いて、如来の方から必ず救うとはたらき続けてくださっています。浄土真宗の阿弥陀如来のお姿は必ず立像です。坐像はありません。少し前かがみになりよーいドンのお姿です。それはいま阿弥陀如来が私の方へはたらいてくださっていることを表しています。阿弥陀如来のはたらきは光明となり見えないものを照らし明らかにし、名号となり忘れていること、見失っていることを喚び覚ましてくださるのです。念仏を称え、阿弥陀如来の願い、用（はたら）きに応えていきましょう。

見捨てない

　ある方から「なぜ浄土真宗の阿弥陀如来は立像なのですか」という質問を受けました。私は、「あなたを救うためです。あなたをほっとけないからです」「あなたを決して見捨てることが出来ないからです」と答えました。座っていられる仏さまは悟りの境界にいられ、私たちが来るのを待っていられますが、阿弥陀如来は自力では救われない私たちの姿を見抜いて、苦悩の有情を必ず救うという大きな願いを起こされ、阿弥陀如来の方から来てくださり、はたらき続けて下さっているお姿です。例えば子供が危ない時、親はじっとしていません。すぐに子供を助けようと立ち上がって行動を起こします。その姿と同じです。いま私たちは阿弥陀さまに抱かれているのです。お慈悲に包まれているのです。お慈悲は温かいです。気づいていないのです。気づかない私たちに阿弥陀さまは念仏となり、「我にまかせ、必ず救う」「決して見捨てない」といつもよび続けてくださっています。「ありがとうございます」と念仏を称えて応えていきましょう。

おまかせ

私は海のそばで育ったので、夏は毎日海に入り泳いでいました。おかげで泳ぎ疲れても、仰向けになったりうつ伏せになったりして海の上で休むことができます。その時は一切力を入れてません、海にまかせています。沈みません。沈む人はなぜ沈むのか、それは力を入れているからです、計らっているからです。まかせていないからです。これは自然の法則に逆らっているのです。水の比重より人の比重のほうが少し軽いので、法則に従えば浮くのです。もがいたり、力んだりして逆らうので沈むのです。親鸞聖人は「生死の苦海ほとりなし、久しく沈むわれらをば、弥陀弘誓の船のみぞ、乗せて必ず渡しける」と述べられているように、私たちはいつも自分勝手な物差しで、分別し、計らい、真理に逆らっているので、生死の苦海に久しく沈んでいるのです。もう自分の力では助かることはできないのです。その我が身の事実を知るべきです。それゆえに阿弥陀如来が真理の世界から来て、「我にまかせ」「真理に従って生きよ」と念仏となりよび続けていられるのです。我が身の事実を知らなければ、弥陀弘誓の船に気づかないのです。

すでに救いあり

　もう救いは届いているのです。私たちはいま阿弥陀如来の願いの中にいます。いまお慈悲に抱かれているのです。支えられているのです。気づかないだけです。気づかない私たちのために、いろいろ方法で気づかせようとはたらいてくださっています。気づくことを信心と言います。信心をいただけば大きな歓びです。生きる力となります。どうしたら救われるのかということを聞くのではなく、もう救いが届いていることを聞かせていただくのです。生死の苦海に久しく沈んでいる私たちが救われるのは、ただ弥陀の船に乗るしかないのです。しかし私たちは、生死の苦海に長いこと沈んで、自力では救われないという自覚がないから、弥陀の船に気づかないのです。「まかせよ」と言われても、まかせられないのです。「自力作善の人は他力をたのむこころなし」です。仏法を聞き、私が生死に苦海に久しく沈んでおり、自分の力では決して助からないと知ることが出来たら、この私のために弥陀弘誓の船が届けてあることを知り、阿弥陀さまのご恩に報いていこうという歓びの人生を歩むのです。

ハカライを捨てよう

スポーツの試合や音楽の発表会や人前で話すときでも本番前はとても緊張します。マイナス思考になり、失敗したらどうしようかと余計なことを考えてしまいがちです。私も以前は失敗の繰り返しでした。いま私は、そういう気持ちになったとき、「ハカライを捨てよう、ありのままに」と言い続けます。ハカライとは、事がうまく運ぶようにとか失敗しないようにとかいろいろ考えることです。自分勝手な思い、分別です。考えるなと言われても考えてしまうものです。そうですから、「失敗してもいい、これが私の実力だ」という思いで、「ハカライを捨てよう、ありのままに」と言い続けると、マイナス思考が打ち消されて、楽しく人前で話が出来るようになりました。この「ハカライを捨て、ありのままに」という言葉は、お念仏です。仏さまのよび声です。仏さまのよび声が私の口から出るようになってきたら楽しいです。生きることが楽になってきました。

ニュートラルな心に

　私たちの心は条件次第、縁次第で、喜んだり悲しんだり、怒ったり泣いたり、落ち込んだりイライラしたり思い上がったり、プラスになったりマイナスになったりしています。その心をニュートラルな心、穏やかで落ち着いた心、フラットな心、そのままの心の状態に戻してくれるのが、念仏のはたらきです。念仏とは「ハカライを捨て、我にまかせよ」という阿弥陀如来のよび声です。私たちはいつも自分勝手な見方、はからい、モノサシではかり、不安になったり落ち込んだり苦しんでいます。例えば嫌な人、苦手な人と会う時、不安な嫌な気持ちになります。その私に「ハカライを捨て、まかせよ」と念仏が口から出てくると、ニュートラルな心に戻り、落ち着いて会うことができます。どんな人と会う時でも、分け隔てなく、素直な気持ちで接することができます。座禅や瞑想でニュートラルな心に戻す方法もありますが、自分で自分の心を整えるということはとても難しいです。なぜ真理が如来となり、如来が念仏になってくださったのか。それは私たち凡夫を必ず救うためです。阿弥陀如来がすべての功徳を注ぎ込まれて念仏となり「はからうな、まかせよ」とよんでくださっているのです。縁次第で心がフラフラする私たちです。念仏を生きる支えとして生きていきましょう。

手を放せ

「手を放せ、握っている、しがみついている手を放せ、心配ない、放しても大丈夫、我にまかせ」と阿弥陀さまは念仏となりよび続けてくださっています。何故、手を放すことができないのか、まかすことができないのか。自我に執着しているからです。まだまだ自分にとらわれているからです。まかせても大丈夫と言えるものに出会っていないからです。手を放せば楽になるのです。安心できるのです。そのままでいいのです。もう飾ることも、比べることも、力むことも、ごまかすことも、見栄を張ることも、死を恐れることもないのです。

　ちょうど子供が高い木に登って降りられなくなったとき、お父さんが「心配ない、手を放せ、お父さんが下でしっかり受け止めるから大丈夫だ」と、よび続けている状態と同じです。信頼しているお父さんの声が聞こえたら、子供は手を放すことができます。お父さんにまかすことができ、お父さんの腕の中に抱かれ安心できます。

　何故、阿弥陀さまは念仏となって私たちによび続けてくださっているのでしょうか。仏教は我を離れて生きていこうという教えです。人間はつねに自我中心に生き、自我の満足を求めて生きています。人間は我によっていのちを私有化し、実体化し、自他の対立をし、いろいろ苦しみを生じています。我こそが苦しみの根源です。仏教には厳しい修行をして、我を超えて真理に目覚めていこうという教えもありますが、我の強い煩悩いっぱいの人間にはとうてい無理な教えです。いつも我にしがみついている凡夫を救うために阿弥陀さまが念仏となり「我にまかせ」とよんでくださっているのです。自分から一生懸命になって「助けてください」と願う必要はないのです。しがみつかなくていいのです。反対に「しがみついている手を放せ」とよび続けてくださっているのです。阿弥陀さまの声を聞き、安心しておまかせしましょう。

謙虚であれ

　念仏を称えるとは、ハカライを捨て、大いなるいのちのはたらきにまかすということです。念仏を称えるということは、強く握っていた手を離すことでもあり、自分の勝手な思い（ハカライ）を捨て、阿弥陀仏にまかすことです。それは強く握り曲がっていた輪ゴムを離すと元の自然な形に戻るように、初心に帰れるのです。謙虚になれるのです。私たちの思いは、その時の状況でいろんな感情が湧き、喜んだり、悲しんだり、思い上がったり、落ち込んだりしていますが、念仏を称えると、先入観や勝手な思いを捨てニュートラルな状態に戻れます。そのままでいいと思えると素直になれます。飾らなくても、力まなくてもいいんです。とても楽になります。困ったり、苦しんだり、イライラした時、念仏を称えましょう。初心に帰れます。謙虚になれます。願いが叶うことはないがとても楽に生きれます。謙虚に生きることほど強いものはないのです。たとえば大谷翔平選手や藤井聡太棋士はトップになってもとても謙虚であり、初心を忘れずつねに努力を怠りません。本当に努力にまさる天才なしです。謙虚であると誰とでも分け隔てなく会うことが出来ます。どんな状況になっても事実を受け止めて強く生きることが出来ます。「ハカライを捨て、謙虚であれ」というよび声は、大いなるいのちの世界からのよび声です。念仏です。念仏を称えて生きるということは、自分が謙虚に生きているかを、つねに問うことでもあります。

疑いの蓋をとる

　なぜ仏法が喜べないのか、なぜお念仏が口から出ないのか、それは心で疑っているからです。疑いの蓋をしているからです。疑いの蓋が無くなることを信心と言います。例えば茶碗に蓋をしていれば水は入ることは出来ません。蓋をとらねば水は入ることは出来ません。ではどうすれば蓋をとることができるのか。人間は疑いの塊ですから、自分でいくら蓋を取ろうとしても出来ません。受験をして、自分ではいくら大丈夫と思っていても、発表があるまでは疑いは晴れませんが、「合格」という通知を見れば心配や疑いが晴れますように、いくら頑張っても自分では疑いの蓋は取れません。仏さまがとってくださるのです。私たちは人の悪いことは良く見えても、自分の悪いことは見えないものですが、仏法を聞くと、仏さまの眼をいただき、自分の愚かさ恥ずかしさ醜さが知らされます。本当に救われない煩悩具足の凡夫であることを知らされると同時に、「そのまま救う」という仏さまの願いが届くと、救われぬ身に仏さまのお慈悲が身に沁み込んできます。仏さまが疑いの蓋を取ってくださるのです。仏さまの願いを聞いていきましょう。

念仏が出る

　念仏が私の口から出る。すごいことです。私の口から仏さまが出てくださるのです。なかなか出るものではありません。念仏がどこまでも我中心に生き、恥ずかしいことも言う私の口から現れてくださるのです。不思議です。嬉しいです。安心です。心が落ち着きます。私の口から出てくださるまでには、長い長いお育てがありました。私にお念仏を伝え、勧めてくださった方々、眼に見えない無量の寿（いのち）のはたらきのおかげです。自分勝手な念仏なら、いつでも言おうとすれば言えます。でもそこには何の安心も喜びもありません。しかし弥陀の回向の念仏は、阿弥陀如来自身が人間の本質を見抜いて、人間を救うには念仏になるしかないと気づかれ、念仏の中に如来の功徳をすべてこめて、私たちの口から出ようとはたらいてくださっているのです。でもなかなか出ません。疑いの心、自力の心、自我の壁が厚く、我の壁が破れなければ念仏は出ません。阿弥陀如来はけっして見捨てられません。いつでも・どこでも・どんな時でも我の壁を突き破り、私の口から出ようとされています。機が熟し念仏が出たということは、仏さまが我の壁をつき破り私の口から出てくださったということです。これからの人生、喜びも悲しみも阿弥陀さまとずっと一緒に生きるのです。それが念仏者の生き方です。

心のドアーを開く

　阿弥陀さまは、いつも私たちの心のドアーをノックしていられるのです。早く心のドアーを開けましょう。阿弥陀さまが私の心の中に入ってきてくださるのです。それを信心と言います。しかし私たちの心のドアーはとても固いのです。固く固く閉じています。どこまでも自我中心に生きています。この心のドアーが開かない限り、救いはないのです。狭い自我の世界から、広い大きな世界に出ていくのです。井の中の蛙のまま生きていくのか、それとも広い大海に出ていくかです。阿弥陀さまの仕事は、どこまでも苦悩の有情を救うことです。そのために念仏となり、私たちを救うために心のドアーをノックし続けていられるのです。阿弥陀さまは、私たちの苦しみや悲しみを救うために、涙しながら「早く目覚めて欲しい」と叩き続けていられます。早く気付いてドアーを開けて、阿弥陀さまとともに、この人生を力いっぱい歩んでいきましょう。

念仏に生きる

　私は念仏を称えている時が一番落ち着きます。私が私であって良かった、そのままの私でいいと安心できます。念仏を称えると、どんな時でも生きる居場所が与えられ、人倫の嘲りが気になりません。いつでも・どこでも・どんな状況になっても、念仏が生きる支え、生きる土台となっています。この無常の世の中で、変わらないまことは念仏しかありません。「念仏のみぞまこと」です。念仏は真理の言葉であり、阿弥陀如来が念仏となり、私の口から出てくださっているのです。どこまでも自我中心に生きている私に、「はからうな、ありのままに」「我を捨てて、我にまかせ」とよび続けてくださっています。日々の生活の中で自我中心に生き、苦しいとき、悲しいとき、不安なとき、辛いとき、妄想しているとき、焦っているとき、そのような状況のときこそ、私の口から念仏となり「我中心に生きるな、阿弥陀中心に生きよ」と気づかせ、落ち着かせてくださいます。人生どっちに転んでも、どのような厳しい状況になっても、念仏と共に生きていきます。念仏に生きるとは、この世の真理に従って生きていきますということです。

煩悩を克服するのではない

　煩悩は克服するのではない。「念仏者の生き方」に「少しずつでも煩悩を克服する生き方へと作り替えられていくのです」とありますが、これは親鸞聖人の教えではありません。煩悩を克服しようとするのは自力のハカライであり、聖人が徹底的に否定されたことです。煩悩を克服しようとしてはいけないのです。見えたらいいのです。煩悩成就・煩悩具足の身です。無くそうとしても生きている限り縁次第ですぐに出てきます。念仏に遇うということは、煩悩に振り回されない生き方が出来てくるのです。ある方の詩に「わが胸に鬼と仏が同居してツノを出したり手を合わせたり」とあるように、念仏を喜んでいても縁次第でツノが出る私たちです。その時、「またツノが出た、恥ずかしい」と手が合わされてくるのです。きちっと煩悩に向き合えば、煩悩に支配されず、煩悩に振り回されない生き方ができるのです。それが「南無阿弥陀仏の主となる」ことであり、「仏地に樹つ」念仏者の生き方です。

レットイットビーと念仏

　ビートルズの代表曲の一つに「レットイットビー」という名曲があります。この歌詞は「私が苦難の中にいると気づいたとき、聖母マリアさまが私のところに来て、素晴らしい言葉をささやいてくれた。レットイットビー」と。「レットイットビー」は「そのままでいい」「あるがままでいい」「身をゆだねなさい」と訳されています。私はこの歌詞を見たとき、念仏と同じだと思いました。念仏とは、私たち苦悩の有情を救わずにおかないと、阿弥陀さまが私たちのところに来て、「南無阿弥陀仏」と念仏となり、私たちによびかけている阿弥陀さまのよび声です。「南無阿弥陀仏」とは「我にまかせよ」「そのままでいい必ず救う」「決して見捨てない」という意味です。どこまでも苦悩している私たちを必ず救うという阿弥陀さまの素晴らしい言葉です。この言葉に救われるのです。この仏の言葉を生きる支えとして生きるのです。「レットイットビー」はポールマッカトニーが悩んでいるときに書いたそうです。きっと聖母マリア様の声を聞いたのでしょう。この歌は名曲に乗って世界中に伝わっていきました。念仏も親鸞聖人が伝えてくださって長い歴史の中、多くの人を救ってきました。念仏は苦しい時、悲しい時、辛い時、思い通りにならない時こそ、阿弥陀さまが私たちの口から出てきてくださるのです。なぜ阿弥陀さまが念仏になられたのか、苦悩の有情を救うためです。苦しくてどうにもならないときこそ、念仏を称えてください。いつも寄り添ってくださいます。心が安らぎます。念仏を称えて、苦しみを乗り越えていきましょう。

闇を破る

　闇という字は、音が閉じ込められ、音が聞こえないという字です。暗いということと闇は違います。闇とは全く音がしないシーンとした状態です。光も闇を破りますが、音も闇を破るのです。暗くても音が聞こえれば安心です。真っ暗でも信頼している人から「大丈夫だよ」という声を聞けば落ち着きます。安心です。また苦しい時、心が闇の状態の時、いい音楽や歌を聞くと心の闇を癒してくれます。念仏とは、仏のよび声です。念仏を称えるとは、仏さまが声となって口から出てくださるのです。念仏を称えて救われるのではなく、仏の声を聞いて救われるのです。阿弥陀如来は苦しんでいる人を救うには、「声の仏」となるしかないと見抜かれ念仏となってくださったのです。「大丈夫、必ずあなたを救う、我にまかせよ」と声の仏となってくださったのです。念仏を称えて、阿弥陀さまの声を聞いていきましょう。必ず心の闇を破ってくださいます。

光と音（声）

　闇を破るのは光と音（声）です。どんなに深い深い闇でも、少しの光でも入ると闇は破れます。またどんなに暗くても音（声）が聞こえると闇は破れます。闇が破れると心が晴れ、希望が持てます。阿弥陀如来は、「光明と名号」（光と声）によって苦悩の有情を救おうとはたらいてくださっています。阿弥陀さまは、私たちが煩悩具足の凡夫で、真実の智慧を持たない無明の存在であるということを見抜いていられるので、光明となって私たちを照らし、名号（念仏）となりよび続けて、私たちの心の闇を破ってくださるのです。光の届かないところに棲んでいる深海魚はついに目を失うように、仏さまの光に照らされないと、心の眼を失い自我中心にしか生きれません。阿弥陀さまの光を心に浴びて、どんな時もどんな状況になっても「いつも一緒だよ、心配ない、まかせよ」という仏のみ名を聞き、一日一日を安らぎに満たされて生きていきましょう。以前スエーデンの山の教会へ行ったとき、天井から降り注ぐ太陽の光に照らされながら、とても荘厳なパイプオルガンの音を聞いたとき、とても感動しました。

いと尊かりけり

『徒然草』39段に、ある人が法然上人に「念仏の時、睡魔に襲われて、行が怠ってしまいます。どうすればこの障りを止めることができますか」と問うと、法然上人は「目の覚めているときに念仏しなさい」と答えられています。この答えに吉田兼好法師は「いと尊かりけり」と述べています。私は、法然上人の答えと同時に、「いと尊かりけり」と兼好法師が述べていることに感銘しました。念仏は心を整えて称えるのではありません。念仏は私たちが称える行ではありません。念仏して立派になり偉くなるのではありません。念仏は阿弥陀如来の行であり、阿弥陀さまが私たちの口から出てくださっているのです。私たちのハカライは一切いらないのです。そのままでいいんです。眠たい時は寝て、目が覚めた時に念仏を称えればいいんです。阿弥陀さまは私たちの器量を見抜いていられますから、何の注文も条件も付けず、そのままの私をそのまま救うとよび続けてくださっています。「いと尊かりけり」です。

ついに死の勝利を得た

　我が寺の報恩講に岡山県の小児科医の駒沢勝先生をお招きしてお話をしていただきました。小児科医になって1000人ほどの子供の死に直面し、「死ぬ子は死んでいい、不治の病の子は不治の病のままで死んでいい」という世界を求めるようになった。それ以外に子供たちの立つ瀬がないからである。たとえば、我が子が死ぬとき、「何とか生きてくれ、死んだらだめだ」と言って泣き崩れる親がほとんどだが、たまに「よしよし、よう頑張った。もうよい、もうよい」という親に会うときもある。またあるお母さんは苦しみながら亡くなった我が子に「ついに死の勝利を得たね」と叫ばれたそうです。長い苦しみから解放された言葉です。お母さんの出産の苦しみから我が子の誕生に近い言葉です。人間はいつも欲望という色メガネをかけて「生が良くて死が悪い」「健康が良くて病気が悪い」という見方をしています。私たちは「これは嫌だ、こうあって欲しい」という欲望の色メガネをかけて物事を見ています。しかし阿弥陀さまは「生が良くて死が悪い」「健康が良くて病気が悪い」という色メガネをかけていられません。阿弥陀さまは色メガネをかけずに、ありのままに物事を見られ、どんな状況になっても「そのままでいい」と支えてくださっています。色メガネをかけて生きている私たちは、いつも阿弥陀さまに背き、反逆して生きているのです。駒沢先生は「阿弥陀さまに反逆すること以外生きる道のない私が、そのままでいいと阿弥陀さまに支えられている。それが私の存在基盤です」「私が私であることが可能なのも、あなたがあなたのままであることが可能なのも、みんな阿弥陀さまのおかげです。それを南無阿弥陀仏といいます」と話されていました。

あなたの宝物は

　島根県の歌人上代絲子さんは、幼い時おじいさんの膝に抱かれて口癖のように、おじいさんから「どんな宝物も持って歩くことはできないが、お念仏だけはどこにでも持っていくことができる、お念仏を忘れるなよ、お念仏は一生の宝だぞ」「お念仏を称えるときは一人ではないぞ、いつも一緒に如来さまがいらっしゃるのだぞ」という言葉を聞かされたそうです。その言葉を聞いて育った彼女は「祖父を継ぐ南無阿弥陀仏、そのほかに我に宝は何ひとつなし」と歌われています。彼女の人生は数々の苦難が襲う逆境の中で、お念仏を大きな生きる力として生き抜かれたのです。お念仏の宝は、いつでもどこでもどんな時でも一緒です。いつも如来さまと一緒なのです。

　ある人の言葉に「お念仏だけが、死ぬ時に持っていけるたった一つの宝物です」「何の不安もなく、お念仏と一緒に死んでいく、ありがとう」とありました。また阪神大震災の時、新築の家が倒れ借金だけが残った人が「これからは家が倒れても、焼かれても、流されても大丈夫と言えるものを支えとして生きていきたいです」と話されていました。いくら地位・名誉・財産・健康があっても、いつ無くなるかわかりません。死を前にしたら人間は無力なものです。この世は無常で常に移り変わっています。一寸先は闇で何が起こるかわかりません。それ故に決して変わることのない宝物を支えとしなければならないのです。たとえ死が迫っても、それを超える道があれば人生に絶望はありません。念仏とは、生死を超えた永遠の世界から私たちに届けられた宝物です。どんな状況になっても無くならない、いつも一緒の宝物を持ちましょう。

閻魔大王も尊敬す

『歎異抄』第7条に「信心の行者には天神・地祇も敬伏し、魔界・外道も障碍することなし」とあります。信心の行者である念仏者には、天や地の神々も敬ってひれ伏し、悪魔や外道の人たちも決して妨げることはできないのです。また現世利益和讃に「南無阿弥陀仏をとなふれば、炎魔法王尊敬す、五道の冥官みなともに、よるひるつねにまもるなり」とあります。念仏者には、怖い怖い地獄の主である閻魔大王も尊敬し、地獄・餓鬼・畜生・人・天の五道の裁判官たちもみなともにまもってくれるのです。浄玻璃の鏡で生前中の行いがみな見抜かれています。少しでもうそを言えば舌が抜かれます。地獄で厳しい裁きを受けて当然の身ですが、念仏者には閻魔大王や世界中の神々や諸仏たちがみなまもってくださるのです。念仏者は弥陀一仏しか信じません。その念仏者にどうして他の仏さまや神さまたちが敬い、護ってくださるのでしょうか。それは念仏者とは、自分のハカライを捨て、真理にまかせ、真理とともに生きている人だからです。真理に勝るものなしです。真理とはこの世で一番確かなものです。真理に従って生きている人を、誰も邪魔や妨害をすることはできないのです。ただし少しでも自分の我やハカライが入ればすぐに地獄の刑罰を受けることでしょう。自分のハカライを捨て、阿弥陀如来にすべて任せて生きている念佛者には、あらゆる神々や多くに仏さまたちが敬い護ってくださっているのです。「南無阿弥陀仏をとなふれば、十方無量の諸仏は、百重千重囲繞して、よろこびまもりたまふなり」「南無阿弥陀仏をとなふれば、梵王・帝釈帰敬す、諸天善神ことごとく、よるひるつねにまもるなり」

最高の友と生きる

　念仏とは阿弥陀如来自身です。阿弥陀如来が苦悩の有情を救うには、名の仏、言葉の仏になるしかないと見抜かれ、「南無阿弥陀仏」「阿弥陀仏に南無せよ」「我にまかせよ」「決して見捨てない、いつも一緒だよ」とよび続けてくださっている弥陀のよび声。名号です。私は念仏に遇うということ、念仏を称えて生きるということは、最高の友といつも一緒に生きるということだと思っています。いつでも、どこでも、どんな時も、死ぬ時もいつも一緒です。こんなに頼りになるものはありません。悲しい時は一緒に泣き、嬉しい時は一緒に喜び、苦しい時は一緒に苦しみ、迷っている時は導き、間違ったことをした時は厳しく叱り、私の中から最高の私を引き出してくれる友です。そして死ぬ時も一緒ですから何の不安もありません。どんな状況になっても、思い通りにならなくても、失敗しても、早く死ぬことになっても、虚しく寂しく生きることがなくなります。こんな宝物はありません。蓮如上人は、念仏に遇うことが人生で一番大事なこと（一大事）であると教えてくださっています。念仏を称えるということは、阿弥陀如来が「いつも一緒だよ」と私たちの口から出てくださっているのです。念仏を称え、念仏を聞き、念仏と一緒に生きていきましょう。

生きる意味を問う

　生きていれば地震や事故や病気などで、どうにもならないことが起こります。それをどう受け止めて、どう乗り越えていくかを教えているのが念仏です。仏教は本来、そういう災難や事故や悪いことが起こらないように祈ったり、願ったりする教えではありません。それは仏教や念仏ではありません。どうにもならないことが起こったとき、その苦しみは何を私に問うているのか、何を教えているのかを厳しく見つめていくのです。こんな災難来ないでくれと祈るのではなく、与えられた事実を受け止め、それを乗り越えていくことを教えているのです。例えば大地震を被災された方が、この震災をどう受け止めていくのか、どう乗り越えていくのかを見つめ、強く生き、苦しみを乗り越えていく道を伝えているのが念仏です。人生一寸先は何が起こるかわかりません。どうにもならないことが起こります。いつ、何処で死ぬかわかりません。阿弥陀如来は、大悲の心で、苦悩している人々を必ず救うという本願を起こされ、苦悩している人々を救うには念仏しかないと見抜かれ、誰でも簡単に称えられる念仏となり、念仏の中にあらゆる功徳を込め、「ハカライを捨て、我にまかせ」「いつも一緒です」と人々の口から出るように仕上げてくださっています。念仏を称えるとは、我々の願いが叶う、災難が無くなるというのではなく、私たちの生きる土台、生きる支えとなって、いつも一緒に生き、はたらいてくださっているのです。阿弥陀如来という仏さまは、どんな状況になっても「決して見捨てない。必ず救う」「強く生きてください」と涙を流されながら念仏となりよび続けてくださっているのです。念仏は涙の結晶です。私たちの生きる存在基盤です。

第４章　いのちの帰する処

我々はどこから来たのか

我々は　何者か

我々はどこへ行くのか

ゴーギャン

浄土へ帰る

　太陽は東から出て西に沈む。どんな川もみな海に帰る。人間も娑婆の縁が尽きれば、いま私たちを生かしている無量の寿（いのち）の世界、いのちの故郷である浄土へ帰るのです。これは自然の法則です。しかし人間は自我の芽生えと同時に、いのちを実体化し、我が命と思い、自然の法則に逆らうから苦しむのです。いのちの帰る処を見失っているのです。それゆえに真如の世界から来て、阿弥陀如来が南無阿弥陀仏となり、「我にまかせ、必ず浄土に連れて帰り仏にする」と、よび続けてくださっているのです。このよび声にまかすしかないのです。念仏を称えて生きるとは、自然の法則に従って生きることです。念仏に遇い、よび声にまかせれば、いつ、何処で、どんな死に方をしようが心配ないのです。いのちある限り精一杯生き抜くことが出来るのです。

浄土を知ろう

　浄土を知ってほしいです。浄土とは有るとか無いとかいう世界ではなくて真実の世界です。永遠のいのちの無量寿の世界です。煩悩のない仏さまの世界です。広くて大きくて大海のような存在です。浄土を知れば、いま生きている私たちの世界が苦しみの世界である娑婆・穢土ということがわかります。浄土はモノサシのない、分け隔てのない世界で、上下・貴賤・損得・老若・男女・生死・優劣などの壁や枠や垣根や境界が一切ありません。浄土を知れば、いま私たちが気づかない真実の世界があることに気づくのです。そして今まで少しも浄土に生まれたいと思わなかった人が、浄土に生まれたいと思うようになるのです。無量寿如来（阿弥陀如来）は、人間の本当の気持ちを見抜いて無量寿の世界から来て、いま私たちを「浄土に生まれて欲しい」（欲生我国）と願いはたらき続けてくださっているのです。

見える命・見えないいのち

　この世は見える命と見えないいのちによって成り立っています。見える命は、動物でも植物でも生まれたら必ず死にます。どんな綺麗な花でも必ず枯れて散ります。どんなに強い人でも老いて死にます。しかし見えないいのちは生と死や初めも終わりもありません。休みなしの無量のいのちです。永遠のいのちです。相田みつをさんの詩に「花を支える枝、枝を支える幹、幹を支える根、根は見えねえんだ」とあるように、花が咲くのは、見えない根のおかげであるように、見える命は見えない無量のいのちに生かされています。『星の王子さま』の中に「大切なものは目に見えない、心で見ないとね」とあります。花が咲く期間は短いですが、花を咲かせるはたらきは休みなしです。今は桜は散っていますが、見えない無量のいのちが休みなしにはたらいているので来年の３月、４月に咲くのです。見える命である花は時期がくれば散り、母なる大地に、見えない無量のいのちの世界に帰り、無量のいのちのはたらきに加わるのです。それゆえまた来年も、再来年も咲くのです。死んだらしまいではないのです。現代人は、合理的、科学的なものの見方により、目に見えるものしか信じない人が多いから、死んだらしまいと思っている人が多いです。私たちの命も、目に見えない無量のいのちによって生かされています。私たちが眠っている時も心臓や肺ははたらき続けています。動かしているものは何か、どんなに心臓や肺が強くても空気がなければ生きていけません。無量のいのちに支えられ生かされているのです。ということはいま私たちは限りある有限の命を生きていると同時に、無量であり無限のいのちに生かされて生きているのです。限りある命が終われば、目に見えない無量のいのちの世界に帰るのです。それから見える命を助けるはたらきが始まるのです。

阿弥陀のいのちなり

　花が咲く期間は短いですが、花を咲かせるはたらきは無量寿です。一刻も休むことなくずっとはたらき続けています。いのちの事実です。人間のいのちも同じです。いま私たちはこの世に生きていますが、自分の力で生きているのではありません。眼に見えない量りしれ無い寿（いのち）に生かされています。私たちを生かせているはたらきは無量寿です。無量寿とは阿弥陀ということであり、我がいのちは阿弥陀のいのちです。しかし人間は自我が芽生えてくると自力になり、我がいのちと思うようになり執着し苦しむようになるのです。それゆえに阿弥陀如来が念仏となり、「無量寿如来に帰命せよ」「阿弥陀仏に南無せよ」とよび続けてくださっているのです。我がいのち無量寿なり、阿弥陀のいのちなり、永遠のいのちなりと信じ、死をも超えていくことができるのです。

フレディも人間も同じ

　『葉っぱのフレディ』という絵本があります。いのちの旅というサブタイトルがついているように、葉っぱの一生を通して「いのち」について子供たちに書いた絵本です。楓の木の葉っぱの一つであるフレディは、春に芽が出て、夏にはしっかりした葉になり、秋には鮮やかな紅葉となり、冬が近づくにつれ枯れていくとき、親友のダニエルに「ぼく死ぬのが怖いよ」といいます。ダニエルは「まだ経験したことがないことは、こわいと思うものだ。でも変化しないものは、ひとつもないんだよ。変化するって自然なことなんだ。死ぬということも変わることの一つなのだよ」「この木も死ぬの？」「いつかは死ぬさ。でもいのちは永遠に生きているのだよ」ダニエルは答えました。フレディは雪の朝、風に乗って枝をはなれ大地に帰っていきました。大地に帰ったフレディは地に落ちて終わるのではなく、土に溶け込んで木を育てる力になるのです。いのちは目に見えないところで永遠に生き続けて、新しいいのちを生み出すという自然の摂理を葉っぱの一生を通してわかりやすく伝えていました。

　葉っぱのフレディは自分の意志で生まれ育ち死んでいったのではありません。自分の力で変化したのではありません。楓の木のはたらきにより、眼に見えない永遠のいのちのはたらきにより、生まれ育ち死んでいったのです。私たち人間も同じです。自分の意志で生まれではありません。自分の力で変化したのではありません。不思議なご縁で生まれ、眼に見えない大きないのちのはたらきに生かされ、子供から青年となり、大人になり老いて、変化し続けて死んでいくのです。見える命は変化し続け、必ず始めと終わりがありますが、見えないいのちは始めも終わりもありません。永遠のいのちです。いのちは永遠に生きているんです。私たち人間の命も死んだら終わりではないのです。永遠のいのちの世界に帰り、新しいいのちを生み出す力になるのです。

もし浄土がなかったら

　もし浄土がなかったら、私たちの命はどこに行くのだろうか？　行方不明になってしまう。流転輪廻を繰り返してしまう。だから世間では、良い所に行ってほしいと冥福を祈るのです。もし浄土がなかったら、人生の最後は真っ暗闇です。人生のゴールが明るいか、暗いかによって人生は大きく変わっていきます。現代人は死んだらしまいと思っている人が多いですが、死んだらしまいというのは虚しく寂しく死んでいくだけです。必ず死んでいく身です。安心して死んでいきたいです。それ故に阿弥陀さまが、いのちの故郷である浄土を教えてくださっているのです。もともと私という存在はありません。多くのご縁をいただいて私という存在があるのです。無量の寿（いのち）によって生かされているのです。この世のご縁が尽きれば、私を私たらしめてくださった無量寿の世界（浄土）へ帰らせてもらうのです。しかし人間は自我中心に生き、いのちの事実を見失っているので、阿弥陀さまが念仏となり、いつもよび続けてくださっているのです。浄土へ帰って安心するのではなく、帰る処が明確となったとき安心するのです。安心していのちの故郷である浄土へ帰って行きましょう。

すでに道あり

　すでに私たちが救われる道は用意されているのです。仏さまが成就してくださっているのです。要はその道を歩くか、歩かないかです。その道は浄土への道であり、生死いづべき道であり、無碍の一道です。生死の苦海に久しく沈んでいる私たちに、阿弥陀さまは苦悩の衆生を必ず救わずにはおかないと、長い長い間苦しまれ、大悲の願船を用意して下さり、「我にまかせ、必ず救う」「さあ早く弥陀の船に乗りなさい」と念仏となり、よび続けて下さっています。さあ早く弥陀の船に乗りましょう。この船に乗らなければ生死の苦海に沈んだままです。大悲の願船に乗れば、これほど安心なことはありません。どんな状況になっても支えて下さり、いのちある限り浄土への道を歩むのです。どうしたら助かるのかを聞くのではありません。阿弥陀さまのお慈悲に抱かれ、助かる道はもうすでに用意されているのです。もうすでに道ありを聞くのです。浅原才市さんは「聞いて助かるのではない。助けてあるをいただくばかり、助けてあることの南無阿弥陀仏」と喜びを詠われています。

川の流れのように

　美空ひばりさんが「川の流れのように」をレコーディングしたときに、「この曲はいいね」と言って、「人生っていうのは真っ直ぐだったり、曲がったり、流れが速かったり遅かったり、本当に川の流れのようなものよ。でもね、最後はみんな同じ海に注ぐのよ」と話されたそうです。川の帰る処、行き着くところはみんな海です。きれいな川も、汚い川も、どんな川もみんな海に帰り同じ一味（塩味）になります。『正信偈』に「凡人も聖人も罪人もひとしく信を得れば、どんな川の水も海に入れば一つの味になるが如し」とあります。この言葉は無量寿の世界（浄土）を海にたとえているのです。一味である海（浄土）は、上下・優劣・貴賤の差別がなく、比べなくていい世界、まったく平等の世界です。いのちが安心する安養土であり、その人がその人のままいのち輝く無量光明土です。どんな川も一味なる海に帰るように、私たち人間も、自然のままだといま私たちを生かしている無量寿の世界（浄土）へ帰るのです。しかし人間は自我中心に生き、ハカライ、分別し、自然の法則に逆らって生きているので帰る処を見失っているのです。それ故に阿弥陀如来が念仏となり、「必ず連れて帰る、まかせよ」とよび続けてくださっているのです。「川の流れのように、おだやかにこの身をまかせ」、念仏とともに浄土への道を安心して歩んで生きましょう。

人生の卒業式

　死とは人生の卒業です。お通夜は人生の卒業式です。卒業はすべての終わりではないのです。新しい出発でもあります。卒業おめでとうと言える人生を歩みたいです。往生とは死ぬことではありません。往（ゆ）き生まれることです。死ぬ人生と生れる人生は大きな違いです。死ぬ人生は寂しいです。生まれる人生とはめでたいことでもあります。浄土真宗の葬式はお浄土の入学式です。流転輪廻の罪が消えて仏さまとしての活動が始まるのです。生まれたからには誰しも人生の卒業が来ます。悲しい、虚しい卒業は嫌です。やはり卒業おめでとうと言ってもらえる人生を歩みたいです。いつ卒業してもいいように、いのちの帰する処を決め、阿弥陀さまとともにお浄土の道を歩んでいきたいです。「我称え、我聞くなれど　南無阿弥陀仏　連れて往くぞの親のよび声」（原口針水）とあるように、阿弥陀さまの声、すなわちお念仏をしっかり聞いていきたいです。

ご往生おめでとうございます

　先日、樹木希林さんが75年の生涯を閉じられました。病気になられてからも、老いてからも、与えられたことを受け止め、多くの人に心に響く言葉を残していかれました。「生きるも日常、死んでいくことも日常。死は特別なものとして捉えられているが、死ということは悪いことではない。そういうことを伝えていくのも一つの役目かもしれない」「年をとることは本当に面白いもの。年をとるというのは絶対面白い現象がいっぱいある。だから若い時にはできなかったことを、一つずつ面白がって欲しいの。受け止め方を変えることで素晴らしいものに見えてくる」「人間は自分の不自由さに仕えて成熟していくのです。その不自由さを何とかしようとするのではなく、不自由さをおもしろがっていく、それが大事なんじゃないかと思います」彼女の生きざまは念仏者のようでありました。仏教系の高校を出て、築地本願寺で結婚式を挙げられています。仏縁があったことだと思いますが、彼女の素晴らしさは、見事に言葉通りに生き抜いたことです。多くの人が最後のコメントに「冥福を祈ります」と書いていましたが、彼女には冥福を祈る必要はありません。念仏者に送る言葉である「ご往生おめでとうございます」という言葉がもっともふさわしいような気がします。合掌

人生の目的地

　人間は人生の目的地ということについて考えない、考えることは出来ないのです。私たちはどこに向かって生きているのか、そして何処に帰っていくのか。浄土か、天国か、地獄か、それとも無か。誰もわからないが、安心して帰る処がなければ、苦しく、寂しく、むなしく死ぬことになりますし、永遠に彷徨うことになります。人生の目的地と終着地とは違います。終着地とは人生最後の死を意味しています。目的地とは、そこに行くことを目的として、目指している人生の到達点です。ただ人生の目的地を持っている人は少ないです。日常生活では、出かけるときは目的地に行き、仕事や用事が終われば我が家という目的地に帰ります。人生もそうあるべきです。私たちはこの世に生まれたからには、必ず死という終着地に向かって生きています。仏法を聞くと、終着地が目的地に変わるのです。阿弥陀如来という仏さまは、私たちのいのちの根本要求を見抜き、いのちが本当に安らぐ安養土、差別や分け隔てのない平等で清浄な国であり、永遠のいのちの世界であり無量寿国である「浄土」に生まれて欲しいと願われ、必ず苦悩の有情を救うと誓い、はたらき続けられています。阿弥陀如来の願いがわが身に届くと、浄土に生まれることが目的地となるのです。浄土に生まれ仏さまになるのです。いま生きているということは浄土という目的地に向かっていく人生を歩んでいるのです。浄土という目的地に向かって歩む人生は、無碍の一道であり、いつ死んでもよし、いつまでも長生きしてよし、おまかせです。

往生とは

　往生というと世間では、「立ち往生」とか「往生した」とか困ったことというような意味で使われていますが、本来はお浄土に「往（ゆ）き生まれる」ということで仏の世界に生まれることです。往生は「人間界」から「仏の世界」へ誕生することであり、めでたい言葉なのです。仏法を喜んでいられる方のお葬式に行くと「ご往生おめでとうございます」という言葉を聞きます。私たちは不思議なご縁で人間界に生まれました。命終えると何処に行くのでしょうか？いのちの行き先がなければ永遠に迷いの輪廻転生を繰り返すことになります。『礼讃文』に「この身今生に向かって度せずんば、さらにいずれの生にむかってかこの身を度せん」とあるように、人間として生まれた今こそ、法に遇い救われて欲しいです。今生で救われなかったら、永遠にさ迷うことになるのです。阿弥陀如来は「浄土に生まれて欲しい。必ず救う」と念仏となり、よび続けてくださっています。よび声を聞いていきましょう。命終えてお浄土で、また親しき人と会えたらいいですね。

墜落か着陸か

　私たちはお母さんのお腹の中から「オギャー」と生まれて、いま生きています。いま生きているということは、たとえば飛行機が離陸して、いま飛行中の状態と同じです。私たちはいま人生の飛行中です。飛行機は必ず目的地に向かって飛んでいますが、私たちは人生の目的地を持っているでしょうか。目的地がなければいつか必ず墜落します。燃料切れ、乱気流、事故、テロ…いつ墜落するかわかりません。目的地がないから死が不安であり怖いのです。阿弥陀さまは、私たちに人生の目的地（浄土）を教え、念仏となりいつも目的地に導いてくださっています。目的地が決まれば、いつ・どこで・どんな状況になっても無事に目的地に着陸できるのです。死を超え、生死の問題も解決できるのです。親鸞聖人のご和讃に「南無阿弥陀仏をとなうれば、この世の利益きわもなし、流転輪廻の罪消えて、定業中夭のぞこりぬ」とあります。念仏に遇えば最高のご利益をいただける。それはもう決して流転輪廻することはなく、限りある死の苦しみや早逝の悲しみに遭うことがないということです。どんなに短い人生であっても、浄土への道を歩めた有難い尊い人生であったと命終えることができるのです。

いのちの帰る処

　いのちの帰る処がなければ、死は真っ暗闇です。淋しく虚しく死ぬことになります。人生のゴールが明るいか暗いかによって、人生は大きく違ってきます。井の中の蛙である私たち凡夫が、大きないのちの世界である大海に向かって歩む生き方と、大海があることを知らず、井の中の蛙のまま死んでいくかの違いです。いま有限な命を生きている私たちは、同時に無量寿なる無限のいのちを生きているのです。このいのちの事実を知ってほしいです。私たちの見える有限な命は、見えない無量寿なる無限のいのちに支えられ生かされています。たとえば花の咲く期間は短いが、花を咲かせる見えないいのちのはたらきは無限であり無量寿であるように、いま私たちは無量寿なる無限のいのちを生きているのです。仏法を聞くとは、このいのちの事実を知ることです。信心をいただくとは、生と死の壁が無くなるのです。死なないいのち、永遠のいのちをいただくことです。最高のご利益です。この娑婆の命を終えると、どんな川も一味なる大海に帰るように、安心して無量寿の世界であるお浄土へ帰るのです。

113

生死の解決

　皆さんは「生死の解決」は済んでいますか。生死の解決とは、死の不安からの解放であり、死を超え安心して生き、安心して命を終えることです。仏法を聞くとは、生死（しょうじ）の解決をすることが目的です。なぜ死ぬのか、それは生まれたからです。ただ早いか遅いかの違いはあり順番はありませんが、生まれたからには必ず死にます。いつ死が来るかはわかりませんが必ず来ます。そのとき慌てたり、悔やんだり、落ち込んだりして、虚しく、寂しく死んでいく前に、元気な時から生死の解決を済ませましょう。死ぬのが怖いと思っている人は仏法を聞きましょう。もうすでに解決の道は届いているのです。医者は死の病を治すことは出来ません。阿弥陀如来が死の病を治してくださいます。いま私たちは無量のいのち、永遠のいのちに生かされています。阿弥陀如来は念仏となり、生と死の壁を破り、無量寿の世界である浄土へ生まれる道を示してくださっています。阿弥陀さまにまかせましょう。安心して命終える世界があることを知ると、いつ娑婆に縁尽きようとも心配ないです。死んだらしまいと諦める世界ではありません。明るく生まれていく処があるんです。先に往く人、あとから往く人、ともに浄土への道を歩んでる人です。また浄土で会えるのです。

チベット死者の書

『チベット死者の書』に「誕生のとき、お前は泣き、全世界は喜びに沸いた」「死ぬとき、全世界は泣き、お前は喜びに溢れる」とあります。私たちは誕生のとき、大声を張り上げて泣いて誕生します。周りの世界は喜びに沸いています。しかし死ぬとき、喜びに溢れているだろうか。虚しく寂しく死んでいないだろうか。お釈迦様の涅槃図には、人間や動物、全世界が泣いていますが、お釈迦様は涅槃には入られ喜びに溢れているように思います。往生とは死ぬことではありません。往（ゆ）き生まれることです。誕生です。めでたいことです。仏教の目的は、仏に成ることです。「死ぬとき、全世界は泣き、お前は喜びに溢れる」人に成ることです。いのちの行方、人生の目的地が決まっていたら、死ぬことが怖くなくなります。私たちはどこに向かって生きているのか、どこに行くのか、帰する処がなければ虚しく寂しく死ぬだけです。その私たちに、真理が如来となり念仏となって、「必ずお前を仏にする、浄土へ連れて帰る、まかせよ」とよび続けていられるのです。『死者の書』のように、死ぬとき喜びに溢れたいものです。

川の流れに身をまかす

『方丈記』に「ゆく川の流れは絶えずして、しかももとの水にあらず……世の中にある人と栖（すみか）と、またかくのごとし」とあります。この世のありのままの姿です。無常で常なるものは何もありません。すべての存在は一瞬一瞬変化し続けています。そして川はみな一味なる広い広い海へと流れていきます。私たちのいのちはどこへ流れて行くのでしょうか。川の流れに身を任せて生きていくのが一番自然な生き方ですが、人間はいつも逆らって苦しんでいるのです。「歳は取りたくない、死にたくない、いつまでも若く元気でいたい」と願い、自然の道理に背いて生きているのです。川の流れを止めて生きようとして苦しんでいるのです。それゆえに真理の世界から、「ハカライを捨て、大いなるいのちのはたらきにまかせ」と念仏となりよび続けてくださっているのです。念仏を称えるとは、川の流れに身をまかすことです。大いなるいのちのはたらきに身をまかして生きるということです。死の不安を超えて安心して生きられます。この娑婆に縁が尽きたとき、一味なる広い海のごとく、無量寿の世界である「浄土」へと間違いなく生まれていくのです。

いのちの願い

　なぜ阿弥陀如来は、私たちに「我が国（浄土）に生まれて欲しい」と願われているのか。それは浄土に生まれることが私たちのいのちの本当の願いであるからです。みんないのちの願いは浄土に生まれたいのです。それに気づかないだけなのです。仏法に遇わなければ、浄土に生まれたいと思う人はいないです。しかし仏法を聞き、仏法が我が身に届くと、浄土に生まれたいと願うようになるのです。阿弥陀如来は人間のいのちの根本要求を見抜いて、浄土に生まれる道を開いてくださっているのです。浄土に生まれるとは、小さな我の世界から、我を超えた広い大きな世界へ生まれることです。井の中の蛙のような私たちが、大きな大海に出ることです。上下・優劣・損得・老若・貧富など分け隔て、物差しの世界から、分け隔てのない、物差しのない、境界や垣根や壁のない自由な広い世界へ出ることです。生死の問題で苦しんでいる私たちが、生死を超えた永遠のいのちの世界、無量の寿（いのち）へ生まれるのです。苦しみ多い娑婆の世界から仏さまの世界へ生まれるのです。浄土に生まれるとは死んでからの問題ではありません。いまの問題です。いま仏法に遇うことにより、生死の問題が解決し、人生の目的地が明らかになり、安心して生き安心して命終えていけるのです。この命ある限り浄土への道を歩まさせていただくのです。

自分の葬式をする

「仏法を聞くことは、生きているうちに自分の葬式をすることです」ということを聞きました。これは世間でいう生前葬ではありません。仏法を聞き、信心をいただくということは、阿弥陀さまの心をいただくということです。阿弥陀さまの心をいただくということは、無量寿のいのち、永遠のいのち、死なないいのちをいただくことです。それは信心がおこった時に、娑婆のいのちが死んでしまったということです。後生の一大事の解決であり、死ぬことが不安でなくなります。そのことを「生きているうちに自分の葬式をする」と言われているのです。浅原才市さんは「わたしゃ臨終すんで葬式すんで、みやこ（浄土）に心住ませてもろうてナンマンダブツと浮世におるよ」と述べられています。生きているときに仏法を聞き、信心をいただき、自分の葬式をした人は、娑婆の縁尽きた時、死なないのです。生まれるのです。往き生まれるのです。往生して仏にならせていただくのです。これほど大きなご利益はありません。「必ずあなたを救い仏にする」という阿弥陀さまの声を素直に聞いていきましょう。

今朝の秋

　先日再放送で、NHK のドラマ、山田太一脚本の「今朝の秋」を見る。蓼科の山荘で独りで暮らしている老人は、ある日東京に住む一人暮らしの息子の死が近いことを知らされる。老父は息子が入院している病院へ駆けつけ、死と対峙している息子に何を伝えようか悩む。息子を山荘へ連れ帰った夜、息子にこう話す。「多少の前後はあってもみんな、死ぬんだ」息子は「そうですね、みんな死ぬんだよね」父が「特別なような顔をするな」と話す。すると息子が「しかしね、こっちはまだ 50 代だよ、お父さんは 80 代じゃない、こっちは少しは特別な顔をするよ」と応える。とても心に響き、印象的な会話でした。二人の俳優の演技も素晴らしかった。ただ私としては息子が話した後、老いた父が、ぼそっと「オレもすぐに逝くよ。また会おう」と話して欲しかった。死の覚悟はしていてもやはり不安です。その父の一言で息子は安心するのではないでしょうか。

ライオンのおやつ

先日車を運転しているとき、ラジオのスイッチを入れると本の紹介の番組をしておりました。その中で、小川糸著『ライオンのおやつ』という本がお薦めですという話を聞き、読んでみたいと思い、帰ってすぐに注文しました。翌日に届きすぐに読ませていただきました。33歳の海野雫という女性が末期がんを宣告され、残りの人生を穏やかな瀬戸内のレモン島と呼ばれている島の「ライオンの家」というホスピスで過ごし、そこでいろいろな人との出会いや体験を通して安らかに命を終えていく話でした。この世に生まれたからには、必ず死を迎えます。死をどのように迎えるかということを考えるに、とてもすぐれた作品でした。「ライオンの家」という名の由来は、百獣の王であるライオンは、敵に襲われる心配がなく安心して過ごしているように、何も怖れることなく安心して最期を迎えてほしいという願いから命名されたそうです。どう死を迎えるかは、今をどう生きるかです。安心して生きることにより、安心して死ぬことができる。生まれたということはローソクの火が付いたこと、火が消えることが死です。この火は風が吹けばいつ消えるかわからない。しかしローソクは命をすり減らしながら、他の誰かの光になっている、生きることは誰かの光になること。光になった人は死んでも光となって多くの人を照らすのです。この小説の登場人物がみな個性的で魅力的です。特に管理者であるマドンナ、いつも冷静で入居者を献身的にお世話をし的確なアドバイスを与えていました。私は実際に瀬戸内のレモンの島で「ライオンの家」を作ってもらいたいと思いました。きっと多くの人が殺到することでしょう。

『深い河』を読んで（1）

　遠藤周作著『深い河』を読む。人生とは宗教とは何かを考える、とても読み応えのある小説でした。深い河とは、インド人にとって聖なる河であるガンジス河のことであるが、私たち一人ひとり、苦しみや悲しみを抱えながら流れる人生の深い河であることも表しています。この河はどこに向かって流れているのか。私たちはどこに向かって生きているのか。ガンジス河は、ヒンズー教の人だけではなく、すべての人の為に流れる河であり、指の腐った物乞いの女も暗殺されたガンジー首相も、同じように拒まず、一人一人の灰を飲み込んで流れていきます。どんな魂の人間も、どんな汚れた人間も動物もすべて受け入れて流れていきます。毎日多くの人がガンジス河で沐浴をしますが、それは魂の浄化と同時に、輪廻転生からの解脱を願う行為であり、死が訪れたとき、その死体の灰を川に流せば輪廻から解放されるのです。私はこの言葉に出会ったとき、『正信偈』の「如衆水入海一味」という言葉が浮かんできました。どんなきれいな川の水も汚い川の水も清流も濁流も、海に入ればみな一つの塩味になるということです。そこは一切の差別はなく、平等で広い大きないのちの世界です。『深い河』では輪廻転生から解脱すると光の世界へ入るとあるように、どんな川もみな一味平等なる海に帰るように、いのちの真実に目覚めれば、光の国、無量寿の世界へ生まれるのです。

『深い河』を読んで(2)

　『深い河』を読んで、まず感じたことは遠藤周作さんの神の捉え方が、阿弥陀如来ととても良く似ているということです。まずヨーロッパのキリスト教の中には生命のなかに序列があることを批判しています。そして神を玉ねぎと置き換え、宗教の壁を超えているものと表し、「神（玉ねぎ）とは存在というより働きであり愛の塊です。神は人間の外に遇って仰ぎ見るものではなく、人間の中にあって、しかも人間を包み、草花をも包むあの大きな命です。神（玉ねぎ）はヨーロッパのキリスト教に中にも、ヒンズー教の中にも、仏教の中にも生きておられる。ぼくの中にいつも玉ねぎがいられるように、あなたの中にも玉ねぎは生きているのです」と述べています。阿弥陀如来の十方衆生の救い、摂取不捨の救いと同じです。遠藤さんは、主人公の大津の好きな言葉としてガンジーの言葉を引用しています。「どの宗教も不完全である。なぜなら不完全な人間によって伝えられてきたからだ」「さまざまな宗教があるが、それらはみな同一の地点に集まり通ずる様々な道である。同じ目的地に到達する限り、我々がそれぞれ異なった道をたどろうとかまわないではないか」。大津はいつもこのような気持ちで発言していたので、ヨーロッパの神学校や修練院にいたとき、上司や先輩から反感を買い、厳しくとがめられます。「それじゃあ、君はなぜ我々の世界にとどまっている、とっとと教会を出ていけばいい」と責められます。すると「出ていけません」と大津は泣きそうな声で『私はイエスにつかまったのです』と叫びます。遠藤さんは、お母さんの深い愛をご縁としてイエスにつかまったのです。念仏者とは、仏縁を通して、阿弥陀如来の摂取不捨のお慈悲につかまった人です。

深い河を読んで(3)

　主人公大津は、日本人旅行者がタブーであるガンジス川の遺体を写そうとして、ヒンズー教徒たちに襲われたとき仲裁に入ったが、激昂した彼らに四方から殴られ蹴られ首の骨を折り死にそうなとき、大津を見つけた美津子に「さようなら」と心の中で自分に向かって呟き、「これでいい…、ぼくの人生は‥‥これでいい」とつぶやく。世間的に見れば、少しも願いがかなわず、神父にもなれず、最後は見すぼらしい服装で行倒れの死体をガンジス川まで運ぶ仕事をして、不幸な人生であったように見えるかもしれないが、大津としては、神の愛に抱かれ、支えられ、とても幸せな人生であったのでしょう。それを素直に「ぼくの人生は、これでいい」と思えたのでしょう。私も、いつ・どこで・どんな死に方をしようとも、「ぼくの人生は、これでいい」と言える人生を送りたいものです。遠藤周作さんの最後の言葉を奥さんがテレビで話されていましたが、人工呼吸器を外した時、今まで見たことがないほど、嬉しそうな顔になって、「俺はもう光の中に入ったから安心しろ。お袋にも兄貴にも会った。お前にも必ず会えるからな。死は終わりじゃないんだ」と話されたそうです。無量光明土である光の国、善き人と会える倶会一処の世界への往生は、まさに浄土往生と同じでした。

駅に想う

　駅というと、いろいろな思い出があります。駅は人生を語ってくれます。始発駅、終着駅、途中下車の駅。旅で行った豪華な駅、素朴で落ち着いた駅、無人駅、駅から見えた景色が美しかった駅さまざまです。進学や就職で田舎から都会へ向かう、新しい人生が始まる出発地の駅、久しぶりに故郷へ帰るときの駅、家族や友達が見送りに来て、窓を開け姿が見えなくなるまでお互いが手を振っていた光景、列車が出ようとしたとき、友達がミカンやビールを差し入れてくれとても嬉しかったこと、両親が大阪に来てしばらく滞在し、帰るとき駅に見送りに行ったとき母が涙を流してしっかりと手を握ってくれた思い出が懐かしい。また長い列車の旅を終え、目的地の駅に着いた時の安堵感、懐かしい人と会える喜び、また途中下車して、その地の美味しい食事や美しい景色が見えた喜び、その地その地の駅弁も楽しみであった。駅を通して人それぞれいろいろな物語がある。新しい人生の門出から、いろいろな駅で出会いや別れ、いろんな体験をして成長し、終着駅へと帰っていくのです。楽しい人生の旅であったと駅を降りていきたいものです。

母の往生

　私の母は96歳で往生の素懐を遂げました。母を思うと、私の友人の「母」という詩を思い出します。「あなたは柔らかいタオル地の匂いがする、沈むことのない無意識の船だ」。いつでもどんな時でも温かく抱き、包んでくれていました。私が小さい時の印象は「いつ寝ているのだろう」と感じていました。朝早く起き、お仏飯を炊き、鐘をつき、お朝事の準備をし、それから父やみんなを起していました。夜は遅くまで繕いものをしていました。昨年施設に行った時は、もう息子の顔もわかりませんでした。今年の一月に訪ねた時は、寝たきり状態でした。ほとんど眠った状態でしたが、時々母の口から「ナンマンダブツナンマンダブツ」とお念仏が漏れていました。母のお念仏を聞いた時とても安心しました。間違いなくお浄土へ往生の素懐をしてくださるんだと感じました。いまお浄土の一年生として働いてくださっています。また会える世界があります。待ってくれている世界があります。安心して帰る世界があるので、私も命ある限り力いっぱいお浄土への道を歩んでいきます。　称名

人生は脱皮の連続

「蝶のごとく　蛇のごとく　人生は永遠の脱皮だ　われ今　脱皮して　蛹から青き蝶にならん」作詞家なかにし礼さんの言葉です。この言葉のように人生は脱皮の連続です。いくら歳を重ねても、一皮も二皮も剥けて脱皮していきましょう。仏法を聞き、仏法に生きるとは、死ぬまで育ちざかりです。ある意味脱皮の繰り返しです。仏さまに、私の愚かさ、醜さ、恥ずかしさ、我の執着の強さを気づかされ、今まで見えなかったこと、気づかなかったこと、生死の壁がなくなることが知らされます。そして最後の脱皮が、卵の殻が破れてヒヨコに誕生するように、この私のエゴの殻が破れて、浄土に往生し仏さまにならせていただくのです。

おまかせ

「いのち萌え　大地に帰る　枯れ葉かな」という句に出遇いました。いのちを輝かせて葉の一生を終え大地に帰るのです。春に芽生えて、夏にはしっかりとした葉になり、秋には鮮やかな紅葉となり、冬に枯れ葉となり、一生を終え大地に帰るのです。「花を支える枝、枝を支える幹、幹を支える根、根は見えねえんだ」という詩のように、眼に見えない根や土や水や無量のいのちに生かされ、いのち終えると、今まで生かさせてくれた大地に帰り、見えるいのちを生かしていくのです。私たち人間も同じです。いま生きていますが、眼に見えない無量のいのちに生かされて生きています。いのち終えると、今まで生かさせてくれていた無量のいのちの世界（浄土）に帰るのです。このいのちの事実を見失っている私たちに、無量のいのちの世界から阿弥陀如来が念仏となり、「いのちの事実を知れよ」「我にまかせ、必ず浄土へ生まれさせる」とよび続けてくださっているのです。

　おまかせして、安心して浄土へ生まれさせていただきましょう。

著者略歴

不死川浄（しなずがわ　じょう）

1949 年　山口県長門市通に生まれる
　　　　龍谷大学大学院修士課程修了
現在
浄土真宗本願寺派明教寺住職
本願寺派布教使

著者
「私色の花を咲かせて―坊守の浄土往生を偲んで」（探究社）
「さあ弥陀の船に乗ろう―現代人に贈る百の法話」（探究社）

この世に生まれて

人生はご縁です

2024 年 5 月 31 日発行	著　者　**不死川 浄**
	発行者　**向田翔一**

発行所	株式会社 22 世紀アート
	〒103-0007
	東京都中央区日本橋浜町 3-23-1-5F
	電話　03-5941-9774
	Email: info@22art.net　ホームページ: www.22art.net
発売元	株式会社日興企画
	〒104-0032
	東京都中央区八丁堀 4-11-10 第 2SS ビル 6F
	電話　03-6262-8127
	Email: support@nikko-kikaku.com
	ホームページ: https://nikko-kikaku.com/
印刷製本	株式会社 PUBFUN

ISBN : 978-4-88877-291-4

© 不死川浄 2024, printed in Japan